歌とシャーマン

福 寛美

南方新社

歌とシャーマン——目次

装幀　片平美保

歌とシャーマン

はじめに

二〇一三年八月二二日、藤圭子は自殺によってその生涯を閉じました。彼女の急死の後、生前のインタビュー映像がテレビで繰り返し流されました。そのインタビューは二〇〇六年になされました。

二〇〇六年、アメリカの空港で藤圭子が日本円にして約五〇〇〇万円の現金を持っていたところ、紙幣や爆発物にも反応する麻薬探知犬が反応し、一時、金を没収される、という事件が起きました。その金は後に全額返金されましたが、その事件の発覚直後のインタビューでの彼女の様子は普通ではありませんでした。彼女はこのように述べていました（注一）。

「この二〇年間、吐きまくりの人生でした。だいたい一日五、六回吐いて、週に三日は吐いています。今でもそうです。二四時間、頭痛いし、二四時間、熱が風邪をひいた時みたいに三八度くらいあるし、身体中痛いです」

「わたしはもう藤圭子でもなんでもない。（藤圭子と呼ぶのは）もうやめて、あれはもういないんだから。（藤圭子は）お金儲けのために人からもらった歌を歌って、喜びも悲しみも分かち合って、一〇年で幕を閉じた」

このような内容を早口でまくし立てる藤圭子の様子をテレビで見た筆者は、彼女がシャーマンになるべき巫性《ふせい》を多分に持ちながら、成巫《せいふ》（シャーマンになること）できずにもがき苦しんでいる人のようだ、と思いました。シャーマンとは普通の人間の感じない別世界、すなわち霊的な世界の消息を感知し、現世の人間に伝えることのできる人です。そのような能力は極めて特殊なように思われていますが、筆者はあらゆる人間に霊的なものに感応する能力が備わっている、と考えています（注二）。

藤圭子は往年の名歌手であり、シャーマンではありません。しかし、筆者が彼女の様子をみて「成巫できずにもがき苦しんでいる人のようだ」と思ったのには理由があります。それは彼女の体調不良のあり方です。

シャーマンは幼い時から霊的感受性が強い場合が多いです。南西諸島のシャーマンであるユタとなった男性が、次のような話を筆者に語ってくれました。彼の祖母はユタで彼が小学校に入る前に亡くなったそうですが、お葬式の日に死んだはずの祖母が目の前を通って歩いていったそうです。また、彼が小学校へ入った頃、机に向かって本を読んでいたら、急に後ろから押されるような感じがし、ガタッと音がするので振り向くと仏壇の祖母の写真が傾いていたことがあった、といいます（注二）。

南西諸島では霊的な感受性の高い人をサーダカウマリ（霊能高い生まれ）やカミウマレ（生き神のユタとなるべき生まれ）、ウマリタカサン（生まれが高い）などといいます。このような霊能を持った人が心身の不調を起こすことをカミ（ン）ダーリィといいます。カミダーリィは、見えざる神が送ってきた不調で、それは神が人に「ユタとなって人助けをするように」という意図で送ってきた、と解釈されます。筆者は藤圭子の不調がこのカミダーリィの状態のように見えました。

カミダーリィの状態とは、具体的には次のようなものです。なお、このカミダーリィは三人の女性達の症状です（注三）。

・四六歳、カミダーリィがひどくなる。やせる。不眠。心臓がドキドキ。七〜八カ月、水ばかりで、ごはん食べられない。血も吐く。高熱。泣いたり、歌をうたったり、怒ったり。一日に七〜八回も表情が変わる。家の前に立って、さびしそうな女の人をみかけ、自分もさびしくなる。一日中拝みつづける。病院で十二指腸と診断され薬をくれたが身体がうけつけない（M・K）。
・自然に泣けてくる。うしろで女の人のようなのが、私を抱いて泣かす。店に出るのがいやでひきこもる。よくわからない歌を自然にうたわされる。しだいに仕事ができなくなる。頭痛、腰痛、貧血、出血、流産、発熱。同じ症状を定期的にくりかえす。半年元気で半年病気という状態が四年つづいた（H・S）。
・一八歳時、二カ月の間、意識不明で床についたあと、腹痛、頭痛、嘔吐《おうと》などが始終ある。人間ドックや再三のレントゲン検査でも「異状なし」と診断される。リアルで忘却しない夢をみる（O・S）。

このように三人の女性達は壮絶なカミダーリィを経験しました。この中でM・Kの「高熱」やH・Sの「頭痛、腰痛、発熱」そしてO・Sの「腹痛、頭痛、嘔吐などが始終ある」が藤圭子の語った内容と符合することは言うまでもありません。

彼女達は自らの霊能を自覚してカミ（ユタ）ゴト（ユタとなってクライエントの悩みを聞き、解決法を神秘的な方法で示すこと）をすることを決意し、修業を重ね、ユタとなりました。ユタとなってからの彼女達の心身状態は落ち着き、M・Kは「ユタをするようになってから身体が楽になり、しだいによくなった。いまは健康で、寝たことがない」、H・Sは「心身ともきわめて安定している」、O・Sは「心身とも安定している。出張ハンジ（筆者注／自宅ではない場所でクライエントをみること）のさいは、自ら車を運転してウグァン（筆者注／御願、聖域での祈願）にも歩く」といいます（注三）。

三人のユタ達は辛く厳しいカミダーリィを克服し、ユタになりました。しかし、藤圭子はカミダーリィのような身体の不調、そして、たびたび語られていた精神的な不安定さを持ち続け、命を落としました。筆者は藤圭子はじめ名歌手の優れた歌の才能とシャーマン性は無関係ではない、と考えます。そのことを読者の皆様と考察していきたいと思います。

藤圭子

筆者はカミダーリィの状態のような藤圭子の生前の映像を見た後、改めて彼女の歌声を聴きました。全盛期の彼女の歌は、歌詞の隅々まで聴衆に届く発音の美しさとゆるぎない音程、そして迫力のある強靭《きょうじん》な声を特徴としていました。そのようなことは、今さら言うまでもありません。

藤圭子の歌に魅了された五木寛之氏は彼女の歌を正真正銘の〈怨歌〉と評しました。五木氏は、一九七〇年当時、藤圭子のＬＰレコードを聴き、彼女の歌について次のように述べました（注四）。

彼女はこのレコード一枚を残しただけで、たとえ今後どんなふうに生きて行こうと、もうそれで自分の人生を充分に生きたのだ、という気がした。

歌い手には一生に何度か、ごく一時期だけ歌の背後から血がしたたり落ちるような迫力が感じられることがあるものだ。それは歌の巧拙《こうせつ》だけの問題ではなく、ひとつの時代との交差のしかたであったり、その歌い手個人の状況にかかわりあうものである。

（中略）

ここにあるのは、〈艶歌〉でも〈援歌〉でもない。これは正真正銘の〈怨歌〉である。彼女の持歌は少ないが、選曲も、編曲も鮮やかにこの歌い手の〈怨念〉の核を見抜いて作られている。見事なレコードだと言っていい。だが、しかし、この歌い手が、こういった歌を歌えるのは、たった今、この数カ月ではないか、という不吉な予感があった。これは下層からはいあがってきた人間の、凝縮した怨念が、一挙に燃焼した一瞬の閃光であって、芸としてくり返し再生産しうるものではないからだ。彼女は酷使され、商品として成功し、やがてこのレコードのなかにあるこの独特の暗く鋭い輝きを失うのではあるまいか。

五木寛之氏は二〇一三年に藤圭子の訃報に接し、「時代のうつり変わりを思わずにはいられない。一九七〇年のデビューアルバムを聞いたときの衝撃は忘れがたい。これは『演歌』でも、『艶歌』でもなく、まちがいなく『怨歌』だと感じた。ブルースも、ファドも『怨歌』である。当時の人びとの心に宿ったルサンチマン（負の心情）から発した歌だ。このような歌をうたう人は、金子みすゞと同じように、生きづらいのではないか。時代の流れは残酷だとしみじみ思う。日本の歌謡史に流星のように光って消えた歌い手だった。その記憶は長く残るだろう」と述べました（注五）。

藤圭子がデビューし、一気にスターダムにのし上がった一九七〇年という時代と彼女の歌、そして彼女の歌を売るために意図的に流布された不幸な生い立ちと苦労、という語りについては多くの言説があります。

筆者は彼女の歌の才能がシャーマン的なものに隣接しているように思います。その具体的な理由は後述します。優れた歌手の歌の持つデモーニッシュな力は人の心を強く動かします。藤圭子はまさに人の心を激しく動かしました。しかし、そのデモーニッシュな力は扱いを誤ると宿り主を苦しめ、死にまで追い詰めるような危険な側面も持っている、と筆者は考えます。

湯山玲子氏は藤圭子を「歌に憑依《ひょうい》され、取り込まれた歌手」で「自分が歌っていた歌の世界に吸収されるように、その『歌物語』に飲まれてしまった人なのだろう」と述べています。湯山氏は言霊《ことだま》という言葉があるように、人間の脳は自分が何度も口にした言葉を刷り込んでしまい、実際起きていないことも事実と誤認してしまう機能がある、と述べます。そして歌というのはかなり危険なシロモノだと思う、特に演歌は歌詞の世界がすべてであり、ひとつの芝居のような物語が入っているので、聴く方、そして歌う方の没入度の危険は最大マックス、と述べた上で藤圭子の歌の歌詞について次のように語ります（注六）。

藤圭子のヒット作はあの通りの歌詞であり、彼女は負の引力の強い歌を、一生懸命、自らの声、体を使って歌い続けたわけである。語り継がれるほどのメガヒット曲なわけで、何百回、何千回と歌い、やがて、それが自分の体に戻ってくるしんどさはいかばかりか。聡明で健康的だとは言っても、まだ世間に揉まれていない十代の若い女性が、頭でわかってはいても、彼女にもたらされた「虐《しいた》げられ幸薄い女」が憑依してしまうのは、避けられないことだったのだろう。おまけに「圭子の夢は夜ひらく」は、まず歌のタイトルに「圭子の」と自身の名前すら付けられてしまっていた。たかが名前、されど名前。そんな名付けはより、歌詞の憑依度を高める。

湯山氏は音楽の天賦の才を持つ者が神によってある時期まで才能を封印される、という伝承が世界共通にあることを述べた上で、「藤圭子には、その闇の色濃い歌を少女の頃に歌わせてはいけなかったのだ」と述べます。

五木氏が藤圭子の歌を「この歌い手が、こういった歌を歌えるのは、たった今この数カ月ではないか、という不吉な予感があった」と述べ、湯山氏が歌詞の憑依度を取り上げているのは、極めて興味深いことです。藤圭子の歌手としてのピークがあまりにも早く来過ぎたことと、湯山氏が述べる「資本主義下の抜け目ない音楽ビジネスは、天賦《てんぷ》の才を神様のように、その人間が歌とつきあえるようになるまでに見守っていてはくれない」こと、そして五木氏の指摘は、藤圭子の生涯の軌跡と彼女の歌が一時、日本を席巻《せっけん》した奇跡のような時間を説明しています。

湯山氏の歌詞の憑依度との指摘は歌の持つデモーニッシュな力を余すところなく表現している、と筆者は考えます。歌を聞いて気持ちが高揚して元気になったり、心が浄化されたように感じられることは、大衆娯楽である歌謡曲や演歌を聞く際、ある程度は当たり前のこととされます。そして聞き手の情感の振幅が大きいほど歌手は評価されます。しかし、そのような歌を歌うために歌手本人の年齢や経験を無視した歌詞を強いられ、歌詞に憑依されて現実感を見失う歌手がいる、ということを我々はもっと知ってもいいのだと思います。湯山氏は歌詞に憑依された歌手、として他にちあきなおみや中森明菜を挙げています。

藤圭子の初期の歌の歌詞には騙《だま》された女、都会の夜をさすらう女、男にすがる女、一人で暗い夢を咲かせる女、暗い十代後半を生きた女、そして不特定多数の男を相手にする女などが歌われています。そこには、かつての貧しい日本の若い女性の現実も照射されています。

現代は人身売買や売春はありえない人権侵害とみなされています。しかし、戦後まで日本には公認の売春地帯があり、金銭のためには娘を売ることもたびたび行われてきました。その記憶がまだ生々しかった時代、藤圭子が歌う歌が現代よりも遙かにリアリティをもって受け入れられていたはずです。そのような歌を繰り返し歌うことが若い藤圭子の精神に深い刻印を残したこと、また逆説的ですが、歌詞に憑依されて歌うことにより、藤圭子の歌が五木氏の述べる「当時の人びとの心に宿ったルサンチマンから発した歌」となり、聴衆にとって我が歌になったのだと思います。

また、歌も含む芸術一般のことですが、優れた芸術家が短命であったり、性格的に破綻している場合があることはよく知られています。芸術家の生涯と作品は分かち難く結び付いていると同時に、なぜこの性格破綻者がこれほど素晴らしい作品を生み出すのか不思議だ、と言われる場合があります。これは天与の才能の不条理、と言っていいのだと思います。

その不条理を映画化したのが一九八四年に制作された『アマデウス』です。この中では神を敬虔《けいけん》に信仰する作曲家サリエリと天衣無縫で無作法なモーツァルトが対比して描かれます。サリエリは神への信仰と品行方正な生き方を貫けば良い曲がかける、と思っていましたが、正反対の生き方のモーツァルトにこそ、実は大いなる無限の才能が与えられていることを知ります。サリエリはモーツァルトへの嫉妬に苛まれ、それまでの生き方を狂わせていきます。モーツァルトに宿った天与の才能は、聡明《そうめい》な凡人、サリエリがいくら祈っても望んでも手にすることはできませんでした。それは不条理ですが、世界はそのような不条理に満ちています。モーツァルトは偉大な才能の命じるまま多くの名曲を作曲しましたが、その一生は短く、墓もどこか定かではありません。

藤圭子の歌声は、五木寛之氏に「これは下層からはいあがってきた人間の、凝縮した怨念が、一挙に燃焼した一瞬の閃光であって、芸としてくり返し再生産しうるものではないからだ」と言わしめました。その歌声を発することができたのは、彼女に天与の才能、それも人には決してコントロールできないデモーニッシュな才能があったからではないでしょうか。

自分に宿りながら自分には制御できない才能から筆者が思い浮かべるのは、南西諸島のシャーマンが、自分のシャーマンとしての霊能は見えざる神から送られてくるものと理解している、という事象です。シャーマン達の多くは、なりたくてなったのではない、と述べます。普通の人々が見えないものを見たり、聞こえないものを聞いたりすることは、実は苦しいことであり、体力を消耗することでもあります。激しいカミダーリィはシャーマンが神に心身を支配されている状態であり、修業によってシャーマンはその状態の落ち着きをうながし、ユタとなってカミ（ユタ）ゴトを行うことで心身共に安定していきます。

藤圭子は歌手として歌うことをやめ、心身が不安定化しました。それは、シャーマンの成巫過程を逆にたどるようなものだったのかもしれません。怒涛《どとう》の歌手生活によって得られた金銭的なものと失われたものが藤圭子にはあり、デモーニッシュな才能を十分に発揮できなくなった時、極端なアンバランスが彼女を襲った、と筆者は考えます。

歌の力

歌に関わるシャーマン的な事例として筆者が思い浮かべるのは、奄美の島唄の歌い手である唄者《うたしゃ》で、東京の居酒屋の経営者だった男性のことです。筆者はこの男性のことを直接は知りませんが、奄美出身で東京に職場があった知人が彼のことを話してくれました。知人によると彼はユタになるべき生まれつきだったそうです。具体的には、カミダーリィの症状が島にいる若い時から出ていて、このままでは自分はユタになってしまう、それが嫌だ、ということで島を出て東京に来て、東京の繁華街で島唄の題を店名とした居酒屋を始めたそうです。

ところが島を出ても彼のカミダーリィの症状はおさまらなかったそうです。時々、カミダーリィの症状が出て激しい動悸《どうき》や頭痛がおこり、そして息がつまりそうな感じがして苦しくなると、彼は三線《さんしん》を取りだし、弾きながら島唄を歌ったそうです。そうすると、カミダーリィは一時やむが、歌うのをやめるとカミダーリィの症状が出てしまい、また苦しくなった、といいます。知人によると、彼は行方を誰にも告げずに店を畳んで東京を去ったそうです。

また、筆者の別の知人は伊豆諸島のある島で出会った女性の話をしてくれました。その女性は、伊豆諸島でかつて活発に活動していた巫女《みこ》になるべき資質、すなわちミコケを備えていたそうです。ミコケとは南西諸島でいうサーダカウマリと同様で、霊的感受性が高いことをさします。この女性は島の役場の仕事をしており、巫女ではありませんが、彼女にミコケがあることは彼女の友人や知人にはよく知られているそうです。

ミコケのある女性は、時々「石童丸《いしどうまる》」の御詠歌《ごえいか》を無性に歌いたくなるそうです。御詠歌とは仏の教えを五・七調の歌にして旋律にのせて唱える歌で、民間では盆行事や法事の時に広く歌われていました。現代の四国でも地域によっては葬儀の際に僧侶の読経とは別に、女性達によって御詠歌が歌われることがあります。

かつて伊豆諸島の島の中には居住者が少なかったり、潮流の関係で船が滅多に通わない島がありました。それで寺もなければ僧侶もいない島がいくつもあり、そこでは死者が出ると島の人々が経文の替わりに御詠歌を歌っていたそうです。その死者を弔う御詠歌としてよく歌われるのが「石童丸」だそうです。

ミコケのある女性が不意に「石童丸」を歌いたくなり、ほとんど無意識のまま口ずさむと、集落の中で誰かが亡くなることがあるそうです。それで、彼女が「石童丸」を歌うのを聞いた人は、彼女に「誰か殺すつもりなの」と冗談めかして言う、ということです。

石童丸とその父、刈萱道心《かるかやどうしん》の物語は謡曲や説経節の『刈萱』として広く知られており、筆者の知人も「石童丸」にまつわる旋律と歌を知っています。知人は日本の伝統音楽の楽器を習っており、稽古でその一節を弾いたり歌ったりすることもあるそうです。知人がそのことを彼女に話したら、彼女は逆にとても驚き、「『石童丸』を普通に歌うなんて」と言ったそうです。

そして、前掲のカミダーリィを体験し、克服してユタになった女性達のうち、M・Kは「泣いたり、歌をうたったり、怒ったり」した、と述べています。また、H・Sは「よくわからない歌を自然にうたわされる」と述べています。これは、ユタの神が彼女達にユタになるよう促すために送ってきた、と解釈される巫病のカミダーリィの中に「歌をうたわされる」という要素があることを意味しています。

奄美の島々に伝わるウタを精力的に収集している酒井正子氏は葬式の後、死後四十九日頃まで家の中や墓でうたわれる短詩型の歌謡、哀惜の歌を紹介しています。酒井氏によると、死後すぐは死者の霊は未だ身辺に留まると考えられ、死者の霊と対話するような状況がみられ、通常はタブーとされる死や冥界、死者からのメッセージもうたいこまれます（「やがま節」の第二節が相当）。酒井氏が一九九〇年に奄美諸島の徳之島の徳之島町手々《てて》で採集した「やがま節」は次のようになっています。なお歌詞と訳文を記す際、原文の表記を一部改めた部分があります。以下も同様です（注七）。

ハレみちぐゎ振い捨てヨ、
ハレあぶし道迷て
ハレ夫《うとぅ》くゎ振い捨てヨ、
ハレ浮き世迷て

子供を亡くし、
畦道を踏みはずすほどの悲しみ
夫を亡くしたら、
死ぬほどの悲しみ

ハレ愛《かな》し兄《やくみ》ぐゎヨ、何処辺《だんべ》がいずら
イクサキの浜（墓場所の地名）の、砂の真ん中《な》

ハレ北《にし》ん戸《じょ》も恋し、
ハレ南《はい》ん戸《じょ》も恋し
ハレ恋し玉黄金《たまくがに》ぐゎ、
ハレ声《くぃ》どぅ待ちゅり

北の戸口も恋しい、
南の戸口も恋しい
恋しい大切な子供が、
ただいま、と帰ってくる声を待つ

酒井氏は伝承者の女性（一九〇七年生）は幼くして父を亡くし、一週間ほど毎晩、母とその姉（オバ）が家の中で歌っていたので憶えたこと、自分の夫や姉を亡くしたときは二週間、

あるいは四十九日まで墓でうたったりカセットテープを聞かせたりしてテープがすりへってしまった、と述べています。一生の間でも耳にするのが稀なこのウタは、旋律や歌詞が人によって異なる個人様式の曲でもあります。そして酒井氏は「不吉な曲で、このウタをうたうと人が死ぬといわれ、日柄をみてうたう」と指摘しています。

死者を哀惜するウタを不用意に歌うと人が死ぬ、ということの観念は前掲の伊豆の「石童丸」と同じです。酒井氏は与那国島にも哀惜の歌があり、それを義母の通夜で歌った女性に、死後七日目の死者の霊を降ろすカミ招キの時、「このウタを聞いて、ホー、いいなと思ったよ。うれしかったよ、ありがとうね」と死者からことばがあった、と述べています。このようなウタをうたうと亡くなった人もすっきりし、安心して別れていくが、声かけを十分にしないと死者はいつまでも生活を共にしていた人と気持ちを分けず、その人にのりこんできて、体をだるくさせたり、夢を見させたりするといわれる、ということです。

酒井氏はまた、南西諸島では四十九日を一つの区切りとする葬送歌の枠組みをもち、そのあり方が葬送の過程によく対応している、と述べます。すなわち、南西諸島ではかつて風葬《ふうそう》や洗骨改葬《せんこつかいそう》（筆者注／仮に埋葬した遺体を再び取り出し、骨を洗い清めて安置する儀礼）が行われていました。そのため人々は遺体の変化をよく知っており、「四十九日とは遺体が腐敗し、首が落ち、白骨化する時期なのである」と言います。また、酒井氏は葬送歌を「情のかたまりをほどき」、「死者とつながる糸」（沖永良部島）であり、失われた者との再会のチャンネルなのだ、「あの世とこの世の敷居は低いが、声に出さなければあちら側には聞こえない」と述べます（注七）。

酒井氏の一連の指摘から、死者が生の世界から別れて死の世界に参入するまでの不安定な時期には葬送歌が欠かせないこと、存分に葬送歌を歌って死者を悼むことにより、死者の魂が安定し、生者も死者の霊の良くない干渉を受けずに済むことがわかります。あわせて葬送歌が死者とつながる糸であるために、「不吉な曲」、「このウタをうたうと人が死ぬといわれる」わけです。葬送歌もまたシャーマン性を持っている、ということができます。

また酒井正子氏のご教示によると、奄美群島の徳之島の闘牛場で闘牛が終わると、勝者方は勝利を喜んでワイド節を歌い踊るが、踊り手の中には踊っているうちに軽いトランスに入ることがある、といいます。これは闘牛の勝利者方の狂騒状態に巻き込まれたから、ということもできますが、歌と踊りにはシャーマン性を掻き立てる要素があります。

これらのわずかな事例をもってシャーマン性と歌の関係を解明することはできません。ただ、ユタとユタにまつわるシャーマン的な事象であるカミダーリィは奄美はじめ南西諸島の精神文化です。シャーマンは自分の身体でユタの神を受けとめ、巫業を行います。そして奄美の島唄は唄者が自分の指で弾く三線と、身体を楽器に発する唄で成り立っています。また、ミコケのある女性は伊豆諸島の島の霊性の伝統を身体の中に持っています。彼女の半ば無意識の「石童丸」の歌は、伊豆諸島の島の女性達が時代を超えて延々と死者供養のために歌ってきた歌です。集落に死者が出る時、集落にましますす不可視の神がミコケのある彼女にのり移り、彼女に死者の前兆を知らせる御詠歌を歌わせる、と考えることもできます。また、葬送歌は死者と生者がつながる糸でもあります。

奄美の神のよこすカミダーリィに対抗する力としての島唄、そして伊豆の島の神が死者の知らせをミコケのある女性に送ってくる際に、口から託宣のように流れ出る御詠歌、カミダーリィの症状の中で神に歌わされるうた、そして南西諸島の葬送歌のあり方は、歌の持つシャーマン的な力を伝えてくれます。藤圭子の歌、そして様々な歌手の歌もそのような視線を注ぐと、また別の姿を見せてくれる、と筆者は考えます。

筆者の知人の南西諸島の研究者は、宮古島の集落を調査しています。その研究者は、集落の老女がテレビの歌謡番組を見ながら「昔は仕事がなかったから、ユタになる人も多かった。今は仕事がたくさんあるから、歌を歌って人助けをしてもいいし、学校の先生をしたり会社に勤めたりして人助けをしてもいい。歌を歌う人は歌うことでユタと同じことをしている」と言った、と筆者に話してくれました。

この人助けとは、ユタがユタのもとを訪れるクライエントに対応することを意味します。

クライエントは悩みや心配を抱えてユタを訪れ、ユタにしかできない神秘的な解決法の提示を期待します。ユタの指示に沿ってクライエントが行動し、クライエントの悩みや心配が軽減したら、クライエントは喜びます。それをユタの人助けといいます。人助けはまた、ユタがユタの神に命じられた地上での使命でもあります。苦しい巫病を克服し、なぜユタになるかというと、「ユタの神様が命じた人助けをするためだ」と多くのユタ達は述べます。

また、同じ研究者が宮古島の集落の宿泊先の家で主人夫婦とテレビで歌謡番組を見ていたら、主人夫婦が「あれはカミサマきてる」、「あれはきてない」と登場する歌手達をカミサマきてるかきてないかで分類していた、と話してくれました。「カミサマきてる歌手」は、目の焦点がどこかずれていて普通ではなく、歌う様子も精神的に変調をきたしているようだ、といいます。それに対して「カミサマきてない歌手」は目が普通で、歌も技巧的に作り込んだ様子で冷静に歌う、ということです。研究者が主人夫婦の真似をして、「あの人はカミサマきてる、あっちの人はきてない」などと言ってみたら、「おお、お前も分かるようになったか」と褒められたそうです。

ちなみに南西諸島の人々は、子供がぼんやりしていたり、何かに夢中になって我を忘れていたりしたら、「あっ、あの子は今、カミサマきてる」と簡単に言います。見えざる神が憑依したユタはじめシャーマンの忘我のトランス状態は、まさに激しく「カミサマきてる」状態ですが、日常によく起こるちょっとした精神的な状態もまた「カミサマきてる」と言われることがあるのです。具体的には心ここにあらず、という何かに集中している状態が「カミサマきてる」ように見える、ということです。

また、その研究者は宮古島の友人の話として、「沖縄出身の、本来だったらユタになるはずの女性の歌手は目が変だから、テレビの画面ごしでもあの歌手と目を合わせちゃいけない。目を合わせたら悪いことが起こる。魂をとられ、死ぬかもしれない。沖縄や宮古では皆、そう言っている」と筆者に語ってくれました。

沖縄はシャーマンが本土よりも身近で、サーダカウマリとみなされる子供達が今でもたくさんおり、女子高生が恋愛相談にユタのところへ行く、という精神風土を持っています。沖縄出身の知人は沖縄の大学へ通っていたのですが、「ゼミの中に見える(筆者注／霊が見える)女の子がいて、時々、教室に入ってくる学生の行列の後ろをみて、誰もいないのに『また一人来た』と言うんです。それは普通の人には見えない霊だそうです」と話してくれました。

そのような沖縄で、ユタにならないで歌手になった、と言われることがある女性歌手に対して妙な言説があるのはとても興味深いことです。人々は女性歌手のあり方の中にシャーマン性と通底する要素を認めています。そして「目が変」と言われる女性歌手は自分でも統御できない、まさに「カミサマきてる」状態で歌を歌っており、その状態をよく知る沖縄や宮古の人々にとってはいささか危険に見える場合もある、ということをこの言説は示しています。この女性歌手の「カミサマきてる」状態と、前述の藤圭子の、人には決してコントロールできないデモーニッシュな才能のあり方は、筆者には同じものに思えます。それは歌手の歌の魅力を形作る大事な要素ですが、扱いを誤ると歌手本人を滅ぼすような力も持っている、と筆者は考えます。

瞽女《ごぜ》

藤圭子の母が瞽女だった、という語りは広く流布されていました。母は浪曲師だった父の伴奏を三味線でつとめており、若い時の仕事で目を痛め、藤圭子が小学生だった頃、栄養不足と無理がたたって視力がますます弱まった、ということです。

瞽女とは盲目の女旅芸人であり、目の見える手引に先導され、三味線にあわせて歌を歌いながら村々をまわり歩き門付をしていました。瞽女の起源がいつなのかについて、中山太郎氏は盲女が遊芸に携わることは平安朝からあったが、それらの女芸人を瞽女とは言わなかった、と述べています。中山氏によると、「七十一番職人歌合」に鼓を持った盲女が琵琶法師と組み合わされ、『曽我物語』をうたっている所が描かれています。中山氏は室町時代に三味線が渡来して国民楽器になり、盲女も三味線を手にして芸人となり、瞽女の名で呼ばれるようになったと考える、と述べています。中山氏は江戸時代には各地に瞽女屋敷があり、駿《すん》府《ぷ》、江戸、越後長岡、甲斐、美濃、諏訪、沼津に瞽女に関する記録が残っていることを指摘しています（注八）。

瞽女は男性とは性的関係を持たないもの、とされていました。瞽女の自治組織が発達していた新潟県上越市高田においては、瞽女達は仲間（座）を組織して活動していました。瞽女の親方のもとに修業のため弟子となった盲目の少女は、修業を経て小瞽女から名替瞽女（芸名を認められた者）こと本曲《ほんぎょく》となり、本曲になって三年たつと年季明《ねんきあ》けで「あねさん」と呼ばれ、三年後には弟子をとる資格がつきました。親方は自分の家を持つことが必要条件で、弟子は養女となるのが条件でした。その他に家庭内の雑用をし、巡回の時は手引きをする晴眼の女性もいました。座は座本が統率し、座掟によって運営され、掟に背く（男と関係を持つ、など）と相応の罰を受けたり、座を追放された、といいます（注九）。

このような瞽女のあり方を知った時、藤圭子の母が厳密な意味での瞽女ではなかった、ということがわかります。ただし藤圭子の母、竹山澄子氏（二〇一〇年八〇歳で没）の世代は瞽女が活動していた最後の時期に重なります。高田瞽女に関していえば、明治期には八九人を数えたが、大正期には四四人、昭和八（一九三三）年には二三人と次第に減少し、第二次世界大戦中には三人になり、やがて昭和三九（一九六四）年、最後の高田瞽女、杉本キクエ氏は旅を終えました（注一〇）。

また、五十嵐富夫氏は昭和五〇（一九七五）年に長岡瞽女の金子セキ氏、中静ミサオ氏、関谷ハナ氏の一行が現在の新潟県南魚沼市で門付をしていた際、町の文化祭の芸能発表の会場である小学校の体育館によばれて臨時出演し、万雷の拍手を浴びたことを記述しています（注一一）。一九七五年は藤圭子のデビューの六年後です。最後の長岡瞽女はテレビ放送が隆盛となった時期、細々ではあっても門付をしていました。

なお杉本キクエ氏に魅せられた大山真人氏は、昭和五一（一九七六）年三月に新潟県板倉町高野の敬老会に杉本キクエ氏が呼ばれ、歌を披露した時に同道した経験を次のように語ります（注一二）。


一億円もかけたという敬老会館には五〇人を超えるお年寄が集まり、すでに昼食会が始まっていた。酒でかなり酔っているお年寄もいる。

「おまん、わざわざ東京からきなさったのかね」

その頃、まだ東京にいたわたしは、わざわざという言葉にひどく驚いたものだ。

舞台の上に三人が並び、キクエが『葛《くず》の葉《は》』の最初の音を三味線で叩きつけると、ざわついていた会場が一瞬静まり、やがて「語り」の世界に引きずり込まれた人たちは、嗚咽《おえつ》をはじめた。泣くのだ、見事に。話には聞いていたのだが、音楽を聞いて、泣く、という構図を目のあたりにして、高田瞽女の芸の力をはじめて見せつけられ、キクエの芸の恐ろしさを感じた。

一九七六年は藤圭子がデビューした一九六九年の七年後です。この年、新潟の敬老会館で老瞽女の『葛の葉』に涙する老人達がいました。『葛の葉』は瞽女が語る人気の演目で、「葛の葉の子別れ」といいます。粗筋は葛の葉狐が女に化け、人間の男との間に子をなしたが、狐の身なので信太《しのだ》の森へ帰って行く、というもので説経節《せっきょうぶし》や浄瑠璃《じょうるり》、そして歌舞伎の演目にも仕立てられています。

葛の葉が子の童子丸への思いを切々と語る、「夕べの添寝は今日限り　母が信太へ帰りても　残る一つの安じには　お乳が無くてこの童子　何とて母を忘りょうぞ　忘れがたなきうち思い　今は一つの安じには　人間と契りをこめしものなれば　狐仲間へ交られず　母は信《しの》太《だ》の暮れ狐　身のやりどころもないわいな　なんとしょうぞえ童子よと　あわれなりける次第なり」といった瞽女が語る詞句はテレビの無い時代、人々の心を大いに動かしたに違いありません。ちなみにこの詞句は昭和四六（一九七一）年七月に録音されたものの翻刻《ほんこく》です（注一〇）。

現代は瞽女の記憶が遠のいていますが、一九七〇年当時は農村を回って三味線を伴奏に語りものを語ったり俗謡を歌ったりする瞽女のことを記憶している老人達もたくさん在世しており、細々と門付をする現役の長岡瞽女もいました。目の不自由な三味線弾きだった藤圭子の母が瞽女だった、という語りも受けいれやすかったと考えられます。

すき好んで瞽女の世界に入ったわけではない彼女達の生き方に思いを馳せた大山真人氏は、「わたしのような晴眼者ではなく、盲女ゆえに、瞽女ゆえに、一方には目明きにはとうてい味わえぬ喜びや楽しみがあったのではなかったか――」と述懐します。そして「『わたしらのような商売の人で、自分で生命落とした人なんて知らんね』。瞽女に自殺者はない。シズがこういったことがある。闇を背負うものたちのそれぞれの心底まで負で染め上げられているわけではあるまい。厳しく辛い旅にもまた、必ず正に転化できる因子も同時に含まれているはずなのだ」と述べます（注一二）。

ただ、天保七（一八三七）年、現在の新潟県中頸城《くびき》郡の柿崎町にいた瞽女の親方たかの元にいた一八歳のことと、一七歳のちうが直江津に稼ぎに来ていた時、海に身を投げて同性心中をしたことがありました。ことは腰紐と麻縄で腰をしばり、その紐を延ばしてちうの右足のももをくくっていて離れなかった、といいます。奉行所に提出された聴き書きの控えが残っていたので、この「越後瞽女溺死一件」は知られることとなりました。同性心中の理由は不明ですが、心中が極刑だった時代、この両人は「全く取のぼせ海中へ飛入自滅いたし」と聴き書きにあるそうです。市川信次氏は「心中の文字のみえぬのは、憐憫《れんびん》による温情的な処置であったとみられる」と述べています（注一三）。

江戸時代の瞽女の心中事件はともかく、杉本キクエ氏と共に瞽女として旅に生きたシズ氏の言葉を知ったとき、藤圭子が生きる時代が現代ではなくもっと前であればまた違った人生があっただろう、と筆者は考えました。刺激が少なく娯楽がない時代、歌や踊り、そして語りなどの身と楽器だけで人々を喜ばせ、感動させる芸能者は訪れる村で歓迎され、再訪を懇願されつつ次の村へと去っていったはずです。喜捨に頼る身の上であっても、芸を売るので身を売るのではない、という高い矜持《きょうじ》を持って日本に様々な歌を広めて行った瞽女達の中には藤圭子のような瞽女もおり、絶大な人気を博しただろう、と筆者は想像しています。

ところで瞽女の娘、という藤圭子についての語りは民俗文化の瞽女のあり方を知ったとき、若く美貌で才能豊かな、北の大地出身の歌手を売り出すための単なる言説とは思えなくなります。それは瞽女の歌に霊力がある、とされているからです。

瞽女の歌の力

瞽女は芸能者ですが、民衆は瞽女に呪力を認め、その利益にあずかろうとする信仰や習俗が濃厚で、明治時代までは盛んに行われていた、と鈴木昭英氏は述べます。なお、以下の記述は『瞽女』（鈴木昭英著）によります。鈴木氏は瞽女に対する信仰として大きく次の二つを示します（注一四）。

（一）人間の生命の誕生と安全・保護に関する信仰（子安信仰、治病信仰）
（二）生業・生産物の孵化《ふか》・発芽と育成に関する信仰（養蚕、稲・麦・綿の豊作）

以下、（一）と（二）の信仰のあり方を簡単に示します。

（一）人間の生命の誕生と安全・保護に関する信仰

安産には、妊婦が瞽女の使い古した三味線の糸を粉薬や煎じ薬として飲んだり、腰の辺りに結わえつけてお守りとしました。産後、子供が病弱で育たない家庭では、瞽女から三味線の袋を譲ってもらい、子供の着物に縫い直して着せ、瞽女には別に新しい袋を作ってやりました。そうすると身体の弱い子はマメになり、病気やけがをしない、といいます。

飯田瞽女のうち伊藤家の瞽女は出産する女性におまじないの唄読み（内容は不明）をし、地蔵様のお札を上げた、といいます。すると不思議なほど早く陣痛がおさまり、丈夫な子が生まれたそうです。また出産しても子供がすぐに亡くなって育たない人にも唄読みをし、よそからもらった日切り地蔵の護符を与えたら、それ以降子供が死ななくなったという人が少なからずいたそうです。

また、瞽女のところに子供を連れてきて「死なないで丈夫に育つように頭をなぜてくれ」とか「丈夫に育つから抱いてくれ」と言われれば撫でたり抱いたりし、拝んでくれと言われたら「オンソラソバテイソワカ、オンソラソバテイソワカ」と弁天様でも拝んでおいた、といいます。あるいは真言の二つか三つを唱えて頭を撫で、「丈夫に育ちますように」と拝み屋になりきった気分でごく自然にこの行為を行っていた、といいます。

妊婦は瞽女の使い古した三味線の糸を細かくして薬のように飲めば、安産になる、といわれていました。この三味線の糸への需要は、かつては大変なものだったといいます。三味線の糸は身体の部分的な病や傷にも良いとされ、安産祈願と同じように細かくして飲んだり煎じて飲んだりしたそうです。また、痛む場所を縛って呪いとする方法もありました。瞽女の杖にも異常な力があるとされ、杖の裏で足や腰の痛むところ、腹の張るところを撫でてくれ、と言う人もいた、といいます。

（二）生業・生産物の孵化・発芽と育成に関する信仰

瞽女は養蚕の盛んな関東圏まで訪れていました。養蚕業者は繭《まゆ》の増産を願って瞽女をよく迎えいれました。その理由は蚕が瞽女の弾く三味線の音が大好きで、その音を聞くと桑の食い方が違い、蚕が丈夫に育ち、収穫が上がるとされていました。そのため我が家に泊まってほしいと言われることも多く、宿を選ぶことさえできた時代があった、といいます。

養蚕期でない冬場に瞽女が訪れると蚕室に招き、蚕の種紙（筆者注／蚕卵紙《さんらんし》、台紙に蚕の卵が生み付けられたもので、養蚕業者に販売された）の前で歌ってくれとせがむ養蚕業者がいたといいます。また、正月には座敷の床の間に「お棚」をこしらえ、種紙を飾って祭ったが、その前でも歌ってくれと所望され、長岡瞽女は「お棚口説」と称する正月の祝い口説（めでたい文句の数え唄）を歌ったそうです。

長岡瞽女は毎年三月七日の妙音講に必ず参集していました。妙音講では瞽女屋の菩提寺の僧侶による読経、御条目の朗読があり、ついで本尊弁財天に唄を奉納し、また互いに唄を競演し合い、その他もろもろの相談事がなされました。その日には瞽女が旅に使用する合羽《かっぱ》や白木の蚕箸を専門に売る店がでました。瞽女はここで思い思いに箸を買い、弁天に上げて供養しました。供養した箸を荷物の中に入れて出立し、養蚕期に世話になる宿に「弁天様に上げた箸だから」、「妙音講の箸だから」といって土産に差し出した、といいます。妙音講で弁天に供え、お経に合わせ歌に合わせた箸は大変な功徳があり、これを使えば蚕が丈夫に育つとされていました。蚕箸は蚕児処理に使うものです。

また、越後の魚沼では稲の刈り入れが終わったころや、これから苗代の種まきが始まろうというころ、瞽女が巡業してくるとスジ（種籾）を箕《み》や箱に入れて差し出し「米の種だから目出たく芽が生えるように、この上で歌ってもらいたい」と所望する農民があり、夜に宿で興行するときにスジを持参する人もいたそうです。そのようなとき、瞽女は「宝臼」という目出たそうな一言文句の豊作唄を歌いました。瞽女唄による稲種の発芽促進と豊作の祈願は、米どころ越後では盛んに行われたようです。

関東の麦どころ（麦をよく栽培している地帯）では、声の通りのよい袋に入れた麦の種に「麦の芽の生えが良いように、元気のいい唄を歌ってくれ」と依頼され、綿を栽培しているところでは「来年綿がよく実るようにと、（干してある）その種に向かって歌ってくれ」と依頼されることもあった、といいます。

新潟県内では瞽女の門付け唄への礼に少量の米を喜捨する場合が多かったが、この瞽女が集めた米にはたいへんな効力がある、と信じられていました。病弱な子供や長患いの人のいる家では瞽女から米を買って粥を煮て食べさせてやる、といいます。また、病人がいなくても身体健全、家内安全のためこの米を好んで御飯の中に炊き込んだり、ホトケが喜ぶとして仏壇に供える人もあった、といいます。

かつては宿に困る旅人を大勢泊めることによって大いなる功徳があると信じられ、瞽女もそのような気持ちで迎えられた、といいます。また、子供が亡くなったから、あるいは亡き人の命日だから瞽女に泊まってくれ、という人もあったといいます。それは、瞽女が泊まれば死んだ人の供養になるから、ということです。

このように瞽女には多彩な民間信仰が託されていました。鈴木氏は「旋律的な三味線のかなでる音、瞽女の口からほとばしり出る唄に霊力の根源があり、次いで旅で使用した三味線の糸、三味線を包む袋、瞽女が身につける着物・履物・歩行補助用具としての杖、唄の報酬にもらい集めた米、さらに瞽女が信奉する本尊（筆者注／妙音菩薩、弁才天）にさえ異常な力を認めるのであった」と述べています（注一四）。

瞽女は芸能者であり、宗教者ではありません。しかし、瞽女に対しては様々な俗信や民間信仰がありました。ジェラルド・グローマー氏は「彼女たちは妙音講を開くことにより仲間意識を向上させることに成功したが、対外的には瞽女の宗教性の強調を意味した。開催される度に朗読された『瞽女縁起』と『瞽女式目』も瞽女は神仏の加護を受け、尼僧と類似する規律にしたがって行動していることが対外的に示された。宗教者と同様に、瞽女は単なる物乞いでないことが領主、村役人、村人に広く認められており、これは住民が瞽女を歓迎した理由のひとつであった」と述べています（注一五）。

グローマー氏はまた、越後国では庄屋、名主、旧家などは個人として巡業する瞽女の世話にあたったこと、「瞽女を宿泊させることは提供者の地位の高さと権力を象徴し、『瞽女宿』を提供する家はむしろその名誉を懸命に保ったのである」と述べています。そして現在の新潟の東頸城郡《ひがしくびき》、中頸城郡、西頸城郡から信州にかけて瞽女宿が千軒以上も存在し、そのような瞽女宿の存在によって地域によっては戦後まで瞽女が安心して巡業を行うことができた、と述べます。

一方グローマー氏は「瞽女に宿を断れば不吉なことが起こるとされ、このような俗信の存在は、逆に瞽女の止宿願いの拒否も珍しくなかったことを示唆している」と述べます（注一五）。「瞽女に宿を断れば不吉なことが起こる」とは、シャーマンではないまでも宗教的な力を持っている、とみなされていた瞽女の希望に背いたら祟りが起こるかもしれない、と不安に思う人々の心の言葉でもあります。このような瞽女は、巫女ほどではないにしろ、シャーマン性を持つ、と認められていました。

瞽女のシャーマン性

鈴木昭英氏はイタコや盲僧などが盲目であることに着目し、「盲目という身体欠陥が、かえって霊界に通じ、神に交接することができる要因であったと思われる」と述べ、死者の霊と交わった瞽女二人の体験談を挙げています（注一四）。

その話を要約すると次のようになります。

（イ）長岡系瞽女才津組に属した小千谷在出身のおサダという瞽女が、三島郡西越に商売して某家に泊めてもらったときの話。夜、宿唄の商売も済み、髪をとかしていたら誰か前に座ったようだった。山の中だし若い衆がいたずらに来たかと思ったが、人影が動かない。櫛《くし》が真ん中からポキリと折れて気味が悪くなり、用事があるかときくと、「お前さんは度胸もいいし心もいいから頼みたいことがある。自分はこの家の倅《せがれ》で大学へ上がっていたが、母親が後妻で金を思うように送ってこない。それでは人と肩を並べて歩けないので、うちの屋敷で首吊りをした。まだ行くところへ行かれないからうちの衆に施餓鬼《せがき》をあげてもらうように言ってくれ。今まで頼む人がいなかった」と言った。朝、その話を主人に告げたら「息子の三年忌がきてあさって法事をすることになっている」と言った。おサダはそれを聞いて安心したが、それまでは本当に怖かった。

(ロ) 刈羽瞽女野中組の伊平タケさんが、娘盛りのころ上州旅をしたときの話。いつも行っている前橋在の某村で、おテイと二人で門付をしていた。戸が閉まった家に「ご免なんしょう」と言うと、「はいはい」と返事があり、三味線を弾きだしたら、奥の方から「お茶づけすみましたか」と言う。「いいえまだです」と言うと「お茶づけを上がりなさいよ」と言っておわんに山盛りのうどんを出してくれた。ごちそうになってお礼を言い、唄をひとつ聞いてもらって戸を閉めたら、隣の家の人が「人のいないうちに入って何をしていたの」ときく。「留守ではなく、若い娘さんがいてお茶づけをよばれてきました」と言ったら「ばか言うんじゃない。あそこのうちは、おねえちゃんがこのあいだ亡くなったばっかりだ」、そして「今日はあの娘の三十五日だが、家の人は前橋に買い物に出かけた。人が来たら留守だと言って下さい、と頼んで出かけた」と言う。死んだ娘が自分に上げてもらったうどんを二人の瞽女に御馳走してくれたことがわかり、二人は気味悪くなった、という。

この二つの話は瞽女が生と死の境界をたゆたう霊魂と遭遇したことを示しています。思うように送金してこない親への腹いせに自死した若者は「行くところへ行かれない」、すなわち成仏できずにいました。そこに「度胸もいい、心もいい」瞽女が現れ、自分への供養を家の人に伝えるよう依頼します。なお瞽女のおサダさんの櫛の材質について言及されていませんが、櫛は黄楊《つげ》が材質の場合が多く、ツゲはシャーマンの託宣であるお告げに通じることから多くの俗信がまつわったり、呪具として用いられる場合もあります。また、髪を長く伸ばした女性が使う櫛は、日常の生活用品であると共に、女性の魂と深く関わる側面があります。その櫛が真ん中からポキリと折れたのは、経年劣化というより霊魂からの働きかけか魂のお告げ、と見なすべきでしょう。おサダさんがさぞ肝を冷やしただろう、と推察します。

娘盛りのタケさんは前橋で亡くなって三十五日の娘の霊魂にもてなしを受けます。三十五日ですが、人の死後、三十五日目に法事をする地域や宗派はあり、四十九日ほどでなくても死者に思いを寄せる日となります。それがたまたま正月に重なり、家の人は留守でしたが、娘の霊魂はいて、自分が生きて留守番をしているときに瞽女が訪れたらしたであろうこと、すなわちうどんを瞽女に振る舞います。娘の霊が同じ年頃の瞽女に親近感を持った、ということもできます。また、瞽女の来訪と唄を娘の霊魂は喜んだ、と筆者は考えます。それは霊魂によるうどんの振る舞いと、前掲の「亡き人の命日だから瞽女に泊まってくれ、という人もあったといいます。それは、瞽女が泊まれば死んだ人の供養になるから」（注一四）という言説からの発想です。

タケさんともう一人のおテイさんは気味悪く思った、ということですが、思い残しも多いであろう若い娘の死者が完全に成仏していないとき、たゆたう霊魂は瞽女の唄を喜び、自分へのお供えのうどんを瞽女に振る舞いました。これは霊魂と瞽女の一種の共食でもあり、食べてもらったことと御礼の唄を聞かせてもらったことにより、霊魂はより満足したのではないでしょうか。隣家の人の「人のいないうちに入って何をしていたの」という声はもっともですが、瞽女の唄と、門付の生活によって培われた喜捨を率直に受け入れる態度が霊魂の慰めになる場合もあった、と筆者は考えます。

また、瞽女の小林ハル氏は二二歳の時、門付の道中で右足首にひゃっこい（冷たい）ものがまとわりつき、手引きのおテイさんに見てもらったらカナヘビだった、といいます。すぐにおテイさんは投げてくれたが、また歩いていたら足首がひやーっとし、またカナヘビがついており、歩く順番が一番後ろなのが良くない、ということで真ん中を歩くようにしたが、やっぱりまた足に冷たいものがくっついたそうです（注一六）。

「あんまり男をもたないで慎んでばっかりいるからだぞ」（だからカナヘビに見込まれる）と言うおテイさん達と軽口をたたきながら歩いていたハルさんですが、その晩から身体の具合が悪くなり、歩けなくなって家に送ってもらいました。ハルさんは家で親方のサワさんの案配が悪いことを聞き、家の人もカナヘビに遭ったときに一緒にいた瞽女も「馬下でのカナヘビは、きっとおサワさんの知らせだったんだわ。おサワさんが体の具合が悪くなっておまえに会いたいんだが、おまえはよそへ行っていて帰って来ないから、カナヘビになってくっついたんだわ」と話した、といいます。

ハルさんは具合の悪さをおしてサワさんを訪ねましたが、サワさんは寝たきりで、ハルさんはもうだめだと思いました。それからハルさんの身体は良くなり、サワさんの看病をしましたが、サワさんはだんだん悪くなり、三八歳の若さで亡くなったそうです。

このハルさんに何度もまとわりついたカナヘビは、ハルさんはじめ皆が思ったように親方のサワさんの死の予兆となっています。カナヘビにまとわりつかれたハルさんは具合を悪くして家に帰ります。それによって、ハルさんはサワさんが重体であることを知ります。そしてハルさんはサワさんの家に行き、サワさんがハルさんにしてもらいたいこと、つまりカナヘビのようにサワさんの傍にいて看病を全うし、サワさんを看取ります。

なおカナヘビは宮城県柴田郡柴田町では蚕神をさします。国際日本文化研究センターの「怪異・妖怪伝承データベース」によると、國學院大學民俗学研究会が一九九五年に発行した『民俗採訪　平成4年度号』掲載の「宮城県柴田郡柴田町葉坂・成田・海老穴・小成田」には「今ゴルフ場になっている船迫の蚕神さんは、カナヘビさんといい、大蛇が御神体。ゴルフ場の造成中、ブルトーザーが蚕神さんの付近に行くと、大蛇が出てきてブルが動かなくなった。それで壊す予定だったのを残した。昭和三五年のこと」とあります（注一七）。

蚕神をカナヘビさんといい、大蛇が御神体、ということは、美しい体色を持つこともあるカナヘビが神である大蛇の使い、あるいは化身であることを意味しています。前掲のように瞽女の三味線や唄には蚕の生育を助ける力がある、とされていました。瞽女と蚕の間には神秘的な絆があるように筆者には思えます。ただ、ハルさんがカナヘビにまとわりつかれたのは新潟県中蒲原郡の五泉であって、宮城県柴田町ではありません。しかし、カナヘビさん、と蚕神を呼ぶ事例を知ったとき、瞽女と縁の深い蚕神が親方の重病を知らせるために化身のカナヘビを遣わし、それがハルさんにまとわりついたのかもしれない、と筆者は想像します。

このハル氏の事例は、瞽女が神秘的なメッセージを自然物から受け取ったことを示しています。前述の（イ）と（ロ）の事例とともに、瞽女がシャーマン的な体験をすることもあった、ということがわかります。

東北のシャーマンであり、死霊を降ろすことで名高いイタコと瞽女について、筆者の一九三〇年代生まれの知人（宮城県名取市出身）は「盲目の娘は瞽女かイタコになる。自分が子供だった頃（一九四〇年代）、名取あたりにも、もっと北から瞽女やイタコが回ってきた」

と話してくれました。また、鈴木昭英氏は、瞽女は生涯独身だが、一度だけ花嫁姿で、花婿があるかのように祝宴につく機会がある、として瞽女の年期明けのヒロメ（広め）の祝言《しゅうげん》について言及します。

鈴木氏は年期奉公が終わり、出世ができた時に「年明きぶるまい」、あるいは「ヒロメの祝言」といわれるものが行われたこと、瞽女の生家で行われた祝言では、床の間に弁才天の掛軸を掛け、師匠や姉弟子・妹弟子、仲間の大勢の瞽女、親類や近所の人達を呼んでご馳走し、盛大に振る舞った、と述べます。師匠瞽女などは紋付を着て、年明き瞽女は嫁のように化粧をし、島田を結い、嫁入り衣装を着て祝いの膳についた、といいます。この振る舞いが済むと瞽女は一人前として弟子をとり、親方になる資格が得られ、嫁いだ女性がするように化粧して丸まげを結い、お歯黒を染め、丸帯を締め、絹類などの上等な着物を着られるようになったそうです。鈴木氏は各地の瞽女が、年が明けて出世するとき、花嫁になって祝言をあげることが何を意味するものか考えてみる必要があろう、と述べます（注一四）。

鈴木氏はそこから想起されるのが東北地方の口寄せ巫女の成巫儀礼に際して行われるユルシの祝いである、と述べます。津軽のイタコは年期修業の終わった時点で「ユルシの祝い」というものがなされ、このとき年明きの巫女は振袖に島田まげを結い、盛装して祝宴につき、結婚の式法に従った祝宴を行った、といいます。そのときに師匠からイラタカの数珠や梓弓、オッシラサマ、お守りなどの巫具が譲り渡され、名前（法名・知恵名）が与えられ、それからは一人前の巫女となり、商売をすることが許されました。

鈴木氏はこの儀礼と同じような儀礼が下北半島のイタコや陸前地方のオガミン・オガミサン、秋田県下のイチコなどにも広く認められ、東北地方の巫女の成巫過程と瞽女のそれが極めて類似している、と述べます。鈴木氏は巫女の年期は短期間であるのに対し、瞽女のそれは総体的に長期になっているが、技能習得のための厳しい修業も共通する、と述べます。そして瞽女の発声の練習である寒稽古を例に挙げます。寒稽古とは薄着で雪の降る寒い日、三味線を奏でながら歌う修業で、それによって瞽女の寒声が鍛えられた、といいます。

瞽女は日常生活においても規律を正し、戒律を守ることが義務付けられています。また、生涯男子を禁制にし、出世するに当たって花婿はいないがめでたい祝言をあげます。この祝言の相手は瞽女に関しては聞くことはできないが、東北地方の巫女の間では一般にそれは神としています。津軽のイタコがユルシの祝いのさい花嫁姿で祝宴につくのは、神との結婚式であるといい、村上・最上地方の巫女のオナカマがシメキリという入巫式に花嫁姿で臨むのも、下越後のミゴドンがクライ取りで花嫁になるのも、神様の嫁になるのだと称している、と鈴木氏は述べます。

鈴木氏は神と結婚するということは、神と契りを結び、神と合一することであり、この祝言は巫女に神が憑依し、神が宿れる体になるためのあかしの決定的な儀礼だということであろう、と述べます。そして、瞽女に関して神との結婚式という解説は聞けないものの、巫女の神婚習俗の伝統を受け継いだものとみてよいのではなかろうか、と述べています。

鈴木氏は、盲人は晴眼者以上に強い霊感と霊能を保持しており、たえず闇黒の世界に住しているから晴眼の人では容易に見えない霊魂にも接することができる、と述べます。そして、盲女が霊媒に立ちやすくよく口寄せ巫女の機能を果たしたこと、九州の地神盲僧は憑きもの落としの加持祈祷をしたことを指摘します。そのうえで、「瞽女が霊界に通じていることから、哀調切々たる口説き節を語ればすごみを増し、人の魂をゆさぶるのであった。それがまた死者供養にもつながった。瞽女が寺社の縁起を語り、神仏の霊験を説いたというのも、この哀調おびた口説き節との裏腹であり、亡霊の救済と無関係ではないだろう」という重要な指摘をしています（注一四）。

さらに鈴木氏は、瞽女は祝言職、つまり遊行宗教芸能者であり、そのような立場からみると語り物や歌謡は祝福芸能であったということになろう、と述べます。瞽女の唄芸の稼業は前述のように民間信仰によって支えられており、瞽女の口からほとばしり出る唄の文句や三味線の音は、呪的言語であり呪的旋律であり、そこに日常では考えられない威力を認めた、と鈴木氏は述べます。それと共に瞽女は他の祝福芸人が持つ歌謡も自由に取り入れる融通性を示し、歌の領域を広げていきました。

瞽女の歌にはこのように霊力が認められていました。それと同時に瞽女は人気の高い芸能者でもありました。通俗的な歌でありながら非日常的な霊力を発する歌、という瞽女の歌のあり方に思いを致す時、藤圭子の歌の哀調、凄み、そして人の魂をゆさぶる激しさを筆者は想起します。藤圭子は流行歌の歌手であり、瞽女のように厳しい寒稽古をしたわけではありません。また、どちらかというと歌に関しては天才肌だった、といわれています。それはまさに彼女の天与の才能です。

瞽女はたびたび述べたように厳しい修業をし、門付が中心の生活も規律に則《のっと》ってなされていました。大山真人氏は、瞽女の杉本キクエ氏が、規律から外れた生き方を選び瞽女世界から出て行ったはなれ瞽女などをみて、杉本家だけは瞽女の生き方や戒律を記した「瞽女式目」に沿って今まで以上に厳しく生きることにした、と述べます。そしてキクエ氏が「たとえどんなに員数が減っても、掟を守ることで自分たちも守られることを確信していた。そのために、子供たちには掟の基本である、男と交わることを、極端に恐れ、それを厳しく禁じたのである」と述べます。なおこの子供たちとは、キクエ氏が養女にした瞽女達のことです（注一二）。

この杉本キクエ氏の生き方は、一見、融通がきかないように思えます。しかし、伝統ある瞽女の世界の戒律を守れば戒律が自分達を守る、という判断は生きるための知恵でもあります。野放図な自由は自分達を幸せにはしない、瞽女の生きる道は前代の瞽女達が敷いた道であり、その道を外れないで生きれば慎ましくとも命を繋《つな》いで瞽女人生を全うできる、という生き方は重要なことも示唆しています。

瞽女ほど厳しい修業をすることなく歌手として成功し、瞽女のように哀調が深い歌を凄みをもって歌い、人の魂をゆさぶった藤圭子は、歌の表舞台から去った後、自由と余りある金銭は持っていましたが、自分を守る掟を持つことはありませんでした。芸能者であり、霊力ある歌を歌う瞽女達が、自分を律しながら生きることによって全うした天寿と、短く太く歌手人生を生きて、まさに流星のように去って行った稀代の歌姫を比較するのは、歌姫に対して礼を失したことです。

ただ、霊力ある歌を歌う歌い手に対し、前代の人々は畏敬の念を持っていました。また、歌う側も自分達を律する掟を持っていました。しかし、流行歌が商品になっている現代、歌に霊力があることなど、誰も考えていません。そして歌手も、より金銭的に高い価値を生む歌を歌うことに腐心することが多いのが現状です。

しかし、歌の受容者達は歌手が営利目的であることを知りながら、どこかで歌に感動を求めています。その感動の源泉は、人の魂をゆさぶる霊力ある歌に触れることです。瞽女の娘、という語りが常にまとわりついていた藤圭子の歌には、まさに人の魂をゆさぶる力がありました。そのことが彼女にとってのすべてだと筆者は考えます。

継承されるもの

芸術的な才能の中には代々継承されるものがあります。周知の通り、藤圭子には宇多田ヒカルという娘がいます。母とは全く異なる曲調の歌を作詞作曲、そして歌唱する彼女もまた、母とは別の意味での天才と言ってよいでしょう。この宇多田ヒカルと藤圭子の才能は藤圭子の母、竹山澄子氏からきている、と大下英治氏はノンフィクション『悲しき歌姫《ディーヴァ》』に書いています（注一）。

石坂（筆者注／藤圭子を売り出したプロデューサー、作詞家）は、平成の歌姫となる宇多田ヒカルの才能を母・藤圭子の影響だけではなく、さらに祖母の澄子の三代にわたるDNAだと思っている。

平成一一年九月二七日、横浜市内の港の見える丘公園に『港が見える丘』の歌碑を建てた。この日、ヒカルの祖母・竹山澄子も参加し、その後、石坂に「カラオケを歌いたい」と言い、参加者そろってカラオケボックスに入った。

彼女はマイクを持って「新相馬節を歌います」と挨拶した。
曲が流れ、
「ハー遙か彼方は　相馬の空よ……」
と歌い出しを聞いた瞬間、石坂は鳥肌が立ってしまった。そこには、ヒカルの祖母・竹山澄子の姿はなく、音楽の神が歌っているのではないか、と錯覚さえ覚えてしまう〝天の声〟が宿っていたという。

その場は別世界に一変した。スポットライトも消え、真っ暗闇になり闇の中から聞こえてくるその歌声は、人々の心に驚嘆をもたらした。空間が宇宙になり時間が止まったのだ。それでも、曲は流れている。天の歌声が終わり、後奏が消えると異次元の世界から現実に戻り何時間も経ったような気がした。そのとき、大喝采が室内にこだました。石坂は、茫然《ぼうぜん》自失になり、宇多田ヒカルの原点は、祖母・竹山澄子さんに由来しているのではないか、と衝撃を受けた。

宇多田ヒカルの歌には、天使の歌声が漂っているが、そのルーツは母・藤圭子を超え、祖母・竹山澄子にあったのだ。

母娘二代に天才の遺伝子があると天才が生まれるという遺伝子説があるが、現代の歌姫《ディーヴァ》宇多田ヒカルはまさに天才の母・藤圭子の血と天才の祖母・竹山澄子のＤＮＡを受け継いだのだ。

この、三代の女系が優れた歌の才能を持つ、という指摘は極めて興味深いものがあります。このような普通の人間が望んでも努力しても得られない芸術的才能を伝えていく血脈の家は、他者から羨望されると同時に強く嫉妬されます。そのようなあり方から筆者が想起するのは「憑きもの筋」のことです。憑きものとは不可視の邪《よこしま》な霊獣をさし、「憑きもの筋」とは霊獣に憑かれている、と民俗社会で認識されている家筋のことです。

小松和彦氏は憑きものも含めた日本の憑霊信仰について『憑霊信仰論』で詳しく論じて、「憑きもの筋」について次のように説明しています（注一八）。

「憑きもの筋」として知られる〈オサキモチ〉や〈犬神筋〉も、オサキ狐や犬神などの精霊が屋敷のみではなく、血を媒介にして人間から人間へとついてゆく。これは、いわば、遺伝形質のごときものである。この家筋の者は生まれながらにして、特定の精霊がその肉体に内在しているか、外在しているか、つまり家のなかにいるかは定かでないにせよ、ついているわけである。

オサキ狐とは、小松氏によると鼠《ねずみ》と鼬《いたち》の雑種のようなもの、あるいは梟《ふくろう》と鼠の雑種のようなもの、あるいは二十日鼠《はつかねずみ》よりやや大きいくらいのものであると説明され、色は白と黒の斑《まだら》模様《もよう》、橙《だいだい》色、鼠色、茶色、灰色、茶と灰の混色などがあって、頭から尾まで黒い一本の線があるとか、背中に白い条があるとか、尾が裂けているとか述べられます。一般の人には見えないとされ、山中や河原に時々群れをなして姿を見せることはあるが、大変すばやく、またたく間にどこかへ消えるとされ、その神出鬼没性に対する人々の信仰は強いそうです。このような動物霊を家で飼い養っていると信じられている家筋が、オサキモチの家です。

小松氏は、秩父でオサキを飼っている家はひどく嫌われていて、可能なかぎり結婚を避けようとする、と述べます。また、オサキを飼っている家は他の家に比べて裕福だ、といいます。オサキ狐は夜に活動し、主人の意に従って、あるいは先んじて他家の生糸を密かに奪い取ってきたり、商人に生糸を売る際に重量を誤魔化すとされます。オサキにつかれると気狂いのようになり、あげくは死んでしまうが、それは体内に入り込み、その人の内臓を食い荒らしてしまうからだそうです。

このオサキ狐のあり方は、霊獣の神秘性と邪悪な本性を示しています。そして、この霊獣を飼っているとされる家が近世の商業経済において富を蓄積している、ということがわかります。

小松氏は民俗社会の思考として、「超自然的存在や呪力を所有しているがために、つまり『もの』がついているがために富を急速に獲得できたのだ、ということになるのである」と述べます。そして「動物霊などの霊力を借りて富の獲得を企てることは、好ましからざる行為であり、人間のもつ理性に反する邪悪な行為（＝邪法）であるとされている」と述べます（注一八）。

さらに小松氏は邪法性を最も色濃く示しているのが犬神の伝承である、として犬神の起源を述べます。その陰惨なイメージの一つは「犬を土中に埋め、首だけ出し、できるだけ腹をすかせた後に、その口が届かない程度の所に食べ物をうまそうに盛る。飢えに飢えて餓死寸前の犬は、時が経てば経つほどそれを食おうと焦燥し、食物に執念を集中する。そこを、背後から抜く手を見せず一瞬のうちにその犬の首を刎《は》ねる。そしてその首を祀ったものが『犬神』である」ということです。

小松氏は、犬の霊を獲得するためのこの残酷で奇怪な伝承は、最近まで土佐地方を中心に四国一円で語られており、あまつさえ、ひそかに実行されていたことを述べます。また、邪術的な色彩の強い憑きもの信仰においては、犬神と同様の行為をしていたことが推測される、と指摘しています。

小松氏は憑きものの所有が悪とみなされる観念を抽出し、動物霊としての「憑きもの」は人間の欲望を満たすために利用される神秘的道具であり、神の意志とは関係ない道に外れた外法である、と述べます。そして近世期、急速に富んだ新興財産家に対して憑きものの家筋というレッテルが貼られるのは、超自然的存在の名を借りた、一種の富者への社会的制裁を意味している、と述べます。

すなわち、かつての閉鎖的かつ自律的な村落共同体においては共同体の生みだす剰余的富は少なく、不作や災害があると個人生活も社会全体の生活も大きな影響を受けるので、人は集団的な場の中で生きるのが良しとされ、個人的な富の獲得は好ましくない、とみなされていました。小松氏は土地の増減を例として示し、誰かが急速に財をなして土地を買収して地主になったら誰かがその分の土地を失っているはずである、と述べます。

そして一方が何かを多く獲得したら、他方はその分だけ失っている、プラス・マイナスはゼロである、というゼロ・サム理論に裏打ちされた《限定された富のイメージ》というモデルを設定すると、農民の行動や思想が明瞭に理解できるだろう、と述べます。さらに好ましからざる人や家に社会的不面目《スティグマ》として作用する憑きものの家筋というレッテルを貼る人々の行動や意識の根底には、漠然とした富への損失への感覚が働いている、と指摘します（注一八）。

この憑きもの信仰には、かつての民俗社会に生きた人々の負の情念がまつわっています。

富を蓄積した家への嫉妬や中傷が「憑きもの筋」とのレッテル貼りにつながっており、レッテルを貼られた家筋の人々は様々な局面で差別されました。

この「憑きもの筋」と似た話が『遠野物語』の中にあります。『遠野物語』は岩手県の遠野に伝わる伝承を柳田國男がまとめたものです。そこに河童（川童）の話があります。その話を要約すると、「川には河童が多く住む。川端の家で二代続けて河童の子を孕《はら》んだ家があった。難産によって生まれた子は手に水掻《みずか》きがあり、大変醜悪で、切り刻んで一升樽に入れて土中に埋めた。二代三代の因縁ではない、という者もいた。この家は豪家で士族であり、村会議員をしたこともある」というものです（注一九）。

母と娘が二代にわたり河童に魅入られ、難産の末に河童の子を産む、というのはまさしく異常事態です。しかもその家は豪家、こと富める家であり、士族で村会議員もつとめたという村の名家です。その家の女性に対して河童との性的な関わりやその負の顚末《てんまつ》がまことしやかに語られ、しかも「二代や三代の因縁にはあらずと言ふ者もあり」と陰口が叩かれるのは、この家が富を蓄え、新政府の役職に就く人物を出していたからにほかなりません。富める家の評判を貶《おとし》めるため、世代を超えて家の娘達が河童に憑かれて交わり、殺すしかない醜悪な子を孕むことを続ける、という卑俗なマイナス・イメージの物語が呼び覚まされ、負のレッテル貼りのために活用された、と考えるべきでしょう。

それでは、なぜ「憑きもの筋」という観念があり、霊獣の使役がまことしやかにささやかれるのでしょうか。憑きものを一旦呼び込むと世代を超えても離れない、まさに血脈の中に憑きものが棲みつく、という観念はなぜ受け入れられたのでしょうか。

小松和彦氏は平清盛が狐霊を使役して出世をはかる荼吉尼天《だきにてん》の法を行ったという『源平盛衰記』の記述をあげ、急速な富の獲得が外法《げほう》の行使の結果である、とする信仰は古代末期から近世期に至るまでみられるが、特定家筋の富の獲得を憑きものに帰する、といった信仰に関する記事が文献にみられるようになるのは近世からである、と指摘します（注一八）。近世の商品経済と流通の広域化は急速に富を蓄える新興財産家を生みます。前掲の秩父の事例では、オサキ狐を飼う家は生糸生産量が多いが、オサキモチとして集落の人々に嫌われていました。

急速に富を蓄えるには外法を用いたに違いない、そして邪悪な霊獣に憑かれているに違いない、その家の血脈には憑きものが棲《す》みついているはずだ、という観念自体は小松氏が指摘するように近世からのもので、比較的新しいです。しかし、その観念が受容されたのは、日本人が持つ負の民俗概念に「憑きもの筋」が合致したからに外なりません。急速な富の獲得、という従来の村落にとってのアンバランスな事象を説明するために、血脈で伝わっていく悪しきもの、という観念が持ち出されるのはなぜでしょうか。

それは、竹山澄子氏・藤圭子・宇多田ヒカルの三世代にわたる女系に伝わった天才的な歌の才能のあり方を説明せよ、と言われても説明できないことと深く関わる、と筆者は考えます。彼女達はまさに突出した才能を血脈によって継承していく、としか言いようがありません。その超自然的な才能が社会的成功をよび、多額の金銭を生み出し、やがて世間の嫉妬や中傷にさらされ、それによって彼女達が深く傷付いていった、ということも今更指摘するまでもないことです。

さらに、その傷付く有様を白日のもとにさらし、嘲笑しよう、という世間の邪な意図も存在しています。「人の不幸は蜜《みつ》の味」の諺《ことわざ》の通り、他者の成功を素直に喜び賛美するような優しい人間だけで世間が成り立っているわけではありません。「何であの一家だけが成功するのか。私とそれほど変わらない年頃なのに、どうしてあの娘の歌がヒットするのか。あんなに特別な歌が歌えるのは、何か説明できない妙なものでも憑いているのではないか」という発想を世間の人々が無意識のうちで心の深淵に持っていても不思議ではない、と筆者は考えます。

かつて人々が急激に富を蓄えた家筋に「憑きもの筋」というレッテル貼りをしていた事実を知ると、彼女達の血脈にもそのような負の民俗文化に基づくマイナス・イメージが付与されたかもしれない、と思います。それはともかく、彼女達はまさに歌の才に憑かれ、その才に動かされている、と言っていいのではないでしょうか。

そのような血脈によって継承されるものは、一般の人にも大いに心当たりがあるはずです。具体的には両親や祖父母と身体的な形質や行動パターンに子供が似る場合があります。筆者の女性の知人の父は薩南の島の出身者です。知人と父はそっくりの風貌をしているそうですが、父は六人きょうだいで、二人は父にそっくりの顔、ほかの三人は美貌の男女なのだそうです。知人は「私と父のきょうだい三人がそっくりの顔の人です。何で、美貌のほうに似なかったんでしょうか」と筆者に話してくれました。

また、筆者の同年代の女性は二十代前半に結婚後すぐに妊娠したのですが、第一子を流産し、次に女の子を出産しました。その女の子が大人になり、数年前に結婚したのですが、母と同じく第一子を流産し、次に女の子を出産しました。母と娘が妊娠と出産に関して同じことを繰り返しているのです。

こういった風貌や体形、そして嗜好や行動パターンの相似する血縁関係の人に、ほとんどの人は心当たりがあるはずです。それは、人は祖先からの血脈によって繋がっており、その血脈からは決して逃れられないことを意味しています。人によって祖先から継承するものは違っていますし、きょうだいの間でも濃淡はありますが、自分が父母や祖父母ほかの親戚、そして祖先とは全く違い、似ているところなどない、と言い切れる人はいないはずです。

また「親の因果が子に報《むく》う」という諺があります。これは親が行った悪行が親ではなく子に及び、親の悪行の報いを子が受けることを意味しています。この諺は血脈によって否応なく結ばれた人々が一種の運命共同体であることを示しています。
このように世代を超えて継承されるものの中に、シャーマンの霊能も含まれます。筆者の知人である奄美大島出身で、ユタとしての霊能を持ちながら東京で占い師として活躍しているA氏は、少年時代、奄美大島で見聞した少年少女とユタ的な霊能のことを筆者に教示してくれました。その中のひとつに、次のような話があります。

ある少年が母に連れられて奄美大島の中心都市、名瀬市（現在の奄美市名瀬）の声望高いユタのところを訪ねてきました。その少年は頭痛のほか、幻視や幻聴があり、病院で診てもらっても治らないため、何か霊的なことが原因ではないか、と疑った母によってユタの家に連れてこられた、ということです。少年と対座した後、ユタは祭壇の神を祈り、線香を灯し、呪詞を唱え始めました。最初は淡々としていた呪詞が激しくなっていったとき、それまで目を閉じて合掌していた母が急に声を上げ、涙を流して咽《むせ》び泣き出したそうです。どうしたのかと問うユタに、母は「ごめんなさい。本当は私がユタの神様を拝むべきなのに、それをしないからこの子にきてしまった」と言ったそうです。

この事例は母がユタとしての霊能があることを自覚しながらユタになろうとしなかったため、子供に霊障が起きてしまった、ということを意味しています。A氏はこの母子がどうなったかは知らないそうですが、A氏の少年時代、周囲には霊感の強い少年少女がたくさんおり、高校の授業中に霊に憑かれた少年が騒ぎを起こして授業を中断してしまったこともあったそうです。またA氏は他の霊能高い少年達と霊に憑かれて悩む少女を救済したこともあったそうです。

ちなみにA氏の父母やきょうだい達はユタ的な霊能はない人だが、祖母が沖縄出身でちょっとユタ的なところがあった、ということです。ただし、A氏が聖地と認識しているのは祖母の出身地の沖縄ではなく、祖母の息子である父の出身地の奄美の山に近い集落です。A氏は「自分は親の理解があったので、あちこちのユタを訪ねたり、親が運転する車で自分の聖地を探訪することもできたが、ユタは迷信だ、という親の子だと霊的な障りがあっても怒られるだけで可哀そうな結果になってしまった場合もあります」と筆者に話してくれました。なおA氏は「ユタの霊能は隔世遺伝だそうですね」とも筆者に話してくれました。

ユタの家には巫業のための祭壇があります。母や祖母、あるいは父や祖父が祭壇に向かって祈願し、家にたびたびクライエントが訪ねてくる、という環境に育てば、農業や漁業、そしてサラリーマン家庭の子供よりもユタに親しみがあり、巫業の様子も門前の小僧のように自然に身につく、ということはできます。祖母がユタだった、という南西諸島出身の五十代の女性は、子供の頃に祖母から祭儀の時に使う白い紙を折ったり切ったりすることを手伝わされたので、今でもやってみればできると思う、と筆者に話してくれました。この女性は祖母を手伝うと小銭を御駄賃《おだちん》としてもらえたので、よく手伝っていたそうです。

ただ、ユタの子や孫がすべてユタになるわけではありません。ユタの家系に生まれ、ユタになっていく人には、本人の意思とは別の、まさにユタの神の意思、とでもいったものが働いているのかもしれません。

かつて筆者が執筆した『ユタ神誕生』のモデルの男性は男ばかりの三人きょうだいの二番目でした。彼にはユタの祖母、ユタ的なことをしていた母がいました。彼は幼い頃から霊感が強く、いずれユタになるべきだ、と言われていました。そして父を亡くした三十代後半頃からユタの霊能が出始め、母が亡くなったら母の霊能がいきなり自分に来た、と筆者に語ってくれました。彼は男きょうだいしかいませんが、彼に姉妹がいたらその姉妹がユタになっていただろう、と民俗学者の酒井卯作氏は述べました（注二二）。なお彼の兄と弟は母に「そのうち二男はユタになるだろうから、そうなったら助けてやってほしい」と言われていたそうです。このユタのあり方は、ユタの霊能がまさに血脈によって継承されていくことを示しています。

なお筆者はA氏に「ユタの能力が自分にあることを認識したうえで、ユタにどうしてもなりたくない、と思ったらどうしたらいいのでしょうか。そんなことはできるのでしょうか」と尋ねたことがあります。するとA氏は「神様に祈ればいいと思います。神様が授けて下さった力ですが、私はユタになることはできません、と言って何度でも通じるまで祈ればいいと思います」と述べていました。

血脈の中に潜み、継承されていくものを意識するとき、それが富を生み出すなら良いもの、そしてマイナスの効果しか持たないなら悪いもの、という単純な評価をしがちです。しかし、かつての共同体の人々は急激に富を獲得した家、すなわちその家にとっては良い運を、邪な霊獣に憑かれた結果とみなし、「憑きもの筋」というレッテルを貼って差別しました。

また、歌の才によって巨万の富を得た歌手一家は常に嫉妬と好奇の目にさらされ続けました。「好きではない叔父さんに顔や仕草が似ている」などという単純な相似も含め、血脈によって継承されるものの中には簡単には解明し難い謎が多く含まれています。

歌と神霊の世界

濃厚な神女祭祀を現代に伝える先島諸島の宮古島には古謡を歌う歌い手がいます。その一人の女性によると、彼女は宮古島でも神女祭祀が盛んであったことで知られるN集落が祖先の出身地でした。彼女がたまたま宮古島市の市街で初めて出会った女性に、「あんたはN集落の祭祀の一つを司るM元の出身じゃないの。そんな顔をしている」と言われたそうです。その通りなので彼女が「そうです」と返事をしたら、女性は「そうだと思った。私はN集落の祭祀の別の一つを司るS元の出身だからわかった」と言ったそうです。そのような話を聞いたとき、筆者は彼女に「霊感が高いとか、普通の人には見えないものが見えるとか聞こえるとか、そんなことはありませんか」と大変失礼な質問をしました。すると彼女は「そう言われることはありますが、そういった霊能力はありません。ただ、祖先の話を聞いてみると、ユタになるほどではないけれど、そういった能力を持った人が何代かに一人、とびとびに出ているようです」と答えてくれました。

また、彼女は鳥に関する古謡を歌うことがあるそうですが、その鳥の舞い降りる地、として謡い込まれる地名は彼女の祖先や現在の居住地など自分と関係のある場所が多く、「私は自分で歌っているつもりですが、実は歌わされているのかもしれません」と筆者に語ってくれました。また、彼女は聖域での祭祀の際に謡われる神歌の中で知っている歌もあるが、それは特定の聖域で特定の祭祀の際にのみ歌われる歌なので、他の場所では絶対に歌いません、とも語ってくれました。

彼女の古謡に関する発言には、南西諸島の神歌は人間が歌うものであると同時に、目に見えない神霊の世界に通じるという観念が流れている、と筆者は考えます。宮古島の祭祀を研究する平井芽阿里氏のご教示によると、神歌を歌う場所と時は定まっており、その弁《わきま》えなく神歌を歌うと良くないことが起こるとされている、ということです。具体的には神歌の中には普通の人々には見えない御嶽の霊的な入口を開く機能をもつものがあり、御嶽ではない場所で御嶽の入口が開くことは祭祀の成員以外にとっては良くない、ということです。御嶽の霊的な入口は、現実の御嶽で、祭祀の時間に、祭祀の成員の前でだけ開かれるべきだ、という観念は今も強固なものがあります。

このような南西諸島の神歌、そして前掲の奄美の死者を悼む歌のあり方を知った時、ある種の歌には不可視の世界との交感が可能である、という認識が民俗社会にあったことがわかります。

筆者の知人でかつて奄美料理の店を開いていたM氏は、「店には奄美諸島の喜界島のユタさんが来たことがあります。ユタさんの娘が店の近くに住んでいるので、ユタさんが上京すると店に寄ってくれました。そのユタさんが言うには、奄美の島唄には奄美の昔の神歌が元の歌がある、ということです」と語っていました。このM氏の語り、そしてユタとしての霊能を持ちながら東京で占い師として活躍しているA氏の奄美の島唄、「上がる日の春加那節」についての言葉は大変興味深いものです。A氏は筆者に次のように話してくれました。

「『上がる日の春加那節』は奄美の島唄を歌う人にはちょっと注意するべき曲です。この歌を奄美の家で三線を弾きながら練習していた人が言っていたんですが、歌っていたら玄関から白い着物を着た女の人が入ってきたそうです」

「私は奄美へ行ったとき、島唄を聞かせてくれる居酒屋へ行きました。そこでは奄美の有名な男性の唄者が歌ってくれます。そして『上がる日の春加那節』を聞かせてもらいました。そうしたら目の前にヴィジョンが浮かびました。薩摩の侍が白い着物のノロガミサマを縄でくくり、人々の前で『これがお前たちの神様だ』と晒《さら》し者にしていました。人々は泣いたり喚《わめ》いたりしていました」

A氏のヴィジョンの中のノロガミサマとは、奄美でかつて集落の祭祀を司っていた女性神役のノロのことです。ノロにカミサマ（神様）が付いてノロガミサマとなっているのは、ノロが祭祀の際に神として振る舞うからです。日本本土の神道的な考え方では、神に近いのは男性とされているので、神社の神職も男性が多いです。それに対して南西諸島では神に近いのは女性とされていました。本土の神仏を祀る聖域には女人禁制の場所がありますが、南西諸島の聖域には男子禁制の場所があります。南西諸島においては女性の霊力が優位である、という観念が歴史的にあります。

その南西諸島の中で、奄美諸島から沖縄島周辺にかけてはノロという神役がいました。ノロは集落の中で政治を司る男性役人に対応する女性神役で、その役職に対しては公的な俸給もありました。ノロは祭祀のときには白い衣をまとい、美しく髪を結い上げて飾りをつけ、首に玉飾りを掛けて扇を持ち、生きる神として振る舞いました。昔はノロと他の女性神役達の行列は神々の行列とみなされ、集落の人々はその行列が通り過ぎるまで頭を上げることが許されなかった、といいます。

そのように人々の崇敬を集めるノロ神様を、江戸時代、奄美を直轄地《ちょっかつち》にしていた薩摩の侍が乱暴に晒し者にする、ということは薩摩の侍が傲慢《ごうまん》であること、そして集落の人々がその強圧的な態度に逆らえないことを意味しています。このヴィジョンは、あるいは過去の現実の情景の断片かもしれない、と筆者は考えました。

また、A氏の語る、「歌っていたら玄関から白い着物を着た女の人が入ってきた」の白い着物の人はノロ、あるいはシャーマンであるユタと考えられます。公的な祭儀を行うノロや私的な依頼に応じて霊と交信するユタは、ともに白い着物を身につけます。そのような女性は生身の存在ではなく、「上がる日の春加那節」の歌声に呼び覚まされたヴィジョンに外なりません。

いずれにせよ、「上がる日の春加那節」についてのA氏の言葉は奄美の島唄の持つある種の神秘性を表現しています。島唄は八月踊りで歌い踊られるほか、島の人々の娯楽の一翼を担ってきました。しかし、島唄の中には神歌の出自を内包するものがあり、島唄を回路に神霊や過去にあったかもしれない情景が幻のように浮かび上がることがあるのです。A氏がユタとして強い霊能を持ち、数多くのヴィジョンを見たことがあること、そしてA氏が聞いた島唄の唄者が高名な人物であることもあいまって「上がる日の春加那節」は強い力を発揮した、ということもできます。

奄美の島唄を研究する内田るり子氏は奄美の八月踊り歌が一般に古い歌であるということは、昔からの神祭の行事に歌われた歌が元歌として残っていることからもうかがえる、として次の歌をあげています（注二〇）。

島ぬいびがなし
しままもてぃたぼれ
なぬかななゆるや
ゆわてぃ　おせろ

こんとのちうちや
にわひるさやしが
おにわかたすみに
ゆわて　おせろ

いきはてぬどぅんが
なりはてぬちぢん
やねぬあらせちに
ゆわてぃおせろ

島の守り神よ
島を守って下さい
七日七夜通して
祭ってあげましょう

このお屋敷は
広いお屋敷ですが
庭の片隅で
祭ってあげましょう

み八月の最後のドンガの祭
ちぢんも今年は打ちおさめです
来年の新節に
祭ってあげましょう

この歌の「いびがなし」は南西諸島の聖域、御嶽《おたけ》の中心の部分のイビにまします神です。御嶽は森であり、イビは何らかの建造物の中に神社の御神体のように安置される場合もありますが、多くの場合、木の根元やそれほど大きくない石、あるいはシャコガイの貝殻とその前に置かれる香炉によって表現されます。そのイビの神に「島を守って下さい」と祈願するのは当然のことです。

そして「このお屋敷は　広いお屋敷ですが」は、神祭りを行うトネヤ（神祭りに使われる建物）やアシャゲ（神祭りに使われるほとんど床や壁の無い建物）などを思わせます。その祭祀の建物の立つ敷地の神庭の「庭の片隅」での祭りとは、八月踊りにほかなりません。そこで、アラセツ（旧暦八月最初の丙《ひのえ》の日の折り目行事）、シバサシ（アラセツ後の壬《みずのえ》の日になされ、屋根や畑に祓《はら》いのためのススキを差す）、ドンガ（先祖祭り、洗骨改葬の日）と三つの行事のあるみ（三）八月の最後のドンガの祭りで、締め太鼓であるチヂンを打ちおさめ、来年のアラセツにまた祭ろう、すなわち八月踊りをしよう、と歌っているのです。

内田氏は八月踊りを伴う八月行事がノロ信仰に関係があったことを述べます。具体的には瀬戸内町の古志ではアラセツの前夜の踊り始めは親ノロの家、そしてもう一人のノロを拝み、集落の家々を回ってグジの主《しゅ》（男性神役）の家までで踊りおさめ、次の日はグジの主の家から踊り出して村中の家々を回り、道々チヂンを打ちながら男女交互に踊る様子は神々の群行をしのばせる古式ゆかしいものだった、といいます。その後は七日七夜「神遊び」として踊りはミヤー（神の庭）で行われたそうです（注二〇）。

内田氏は「瀬戸内町手安では百年位前に、沖縄から親ノロが神祭りに来ると、奄美の子ノロ達はこれを迎えてオボツ山の上から親ノロを先頭にして子ノロ達がそれに続き、かね（銅鑼《どら》）をならしながら、神の到来を思わせるような白衣装でおりて来た。人々は家の戸をしめてひれ伏した。ノロ達はトネヤで神祭りをすませた後、アシャゲで『神遊び』として八月踊りを踊ったという」と述べています。この祭祀の情景は沖縄から親ノロを迎えてなされたものので、通常の祭祀よりも大がかりだったと推察されます。その中で奄美の天上の神を祀る山、オボツ山から神女達が白い衣装でおりて来て、トネヤ、アシャゲに移動していく道はカミミチと呼ばれています。「人々は家の戸をしめてひれ伏した」という内田氏の記述には親ノロやノロが現実の女性であると同時に神とみなされていたことを示しています。

内田氏は八月踊りが神祭りに行われる神あそびであり、神謡的色彩をもった歌詞は神にかかわる聖なる言葉との関連が色濃く出ている、と述べます。そして「神ぬながれ（神のナガレ歌）」といわれる「上がる日の春加那節」や「嘉徳《かとく》なべ加那《かな》節」などはノロ、ユタなどの神人に愛唱され、ユタは巫儀の神あそびの段に、これらを神歌として歌うこともある、と述べています。そしてこの二つの歌の歌詞をあげています（注二〇）。

「あがる日の春加那節」
あがる日ぬ　はる加那や
何処ぬ村ぬ稲加那志
うま見ちゃめ　きくじょがね
でいきょくまよし
てるこから下れて今日ど三日なゆり
三日戻り四日戻りしゅん人ど
見欲しゃ　愛しゃ

「嘉徳なべ加那節」
嘉徳なべ加那や
如何《いきゃ》しゃる生《ま》れしゅてか
親に水汲まし
居ちゅて浴びる

旭日のように美しいはる加那は
何処の村の稲の神様でしょうか
彼女を一目拝んだか　きくじょがね
さあ見にいこう　くまよし
（はる加那がお籠りしていた）てるこ神山から
下りて今日は三日目になる
また三日目、四日目にはてるこの神山に帰るが
本当に一目見たいものだ、いとしく思われてならない

嘉徳なべ加那は
いったいどんな生まれをしたのでしょうか
親に水を汲まし
自分は居ながらにして水浴びをしている

内田氏は前者を「この歌は神聖な神山からノロを迎える歌といわれる」、そして後者を「『なべ加那』は神高いノロであったという説もある」と述べています（注二〇）。

奄美の島唄は、現代では民謡と見なされ、島唄の出自が神歌であったことを知ったり興味を持ったりするのは研究者やシャーマンなど限られた人々だけになっています。しかし、「上がる日（昇る太陽）」であり春の女神のような春加那は「稲加那志（稲の神様）」であり、奄美のてるこ神（太陽神）を祀る神山から束の間人間界に下り、また戻って行くのだ、愛しくて一目みたい、と歌われます。若い美貌の神女のノロがまさに祭祀のときにてるこ神や稲の神と一体化して祭儀を行い、集落の人々はその女神であり神女でもある存在を憧憬する、とこの歌を読み解くことができます。

また、嘉徳なべ加那は「いったいどんな生まれをしたのでしょうか」と問われます。理由は自分が浴びる水を親に汲ませているからです。かつての南西諸島では水汲みは女の仕事でした。美貌の若いなべ加那はそれをせず、親に奉仕させています。親がそのような態度を取るのは、内田氏の指摘のようになべ加那が聖性高い神女だったからである、という解釈があります。また、水辺に降臨し、聖なる井泉で水浴をする天女の伝承は南西諸島に幅広く分布しています。水辺の天女は航海守護の女神、弁才天信仰とも習合し、神女の原型のひとつになっています。水浴する美貌の女性像は天女を思わせ、親に奉仕させるあり方は神女を思わせます。そのため嘉徳なべ加那節が神人に愛唱されていた、と考えます。

内田氏は奄美大島の名瀬の女性ユタが依頼者に応えて精神を集中して憑霊状態となって卜占を行った後、太鼓を叩いて巫歌を歌うこともある、と述べます。その巫歌はてるこ神の賛歌や、島唄の中でも特にてるこ神をうたった「上がる日の春加那節」などである、と述べています。そして内田氏はこの歌の曲調が島唄としては格調高い信仰心に満ちたもので、音階は律音階である、とも述べています（注二〇）。このことは、「上がる日の春加那節」が島唄ではあっても神事と深く結び付いていたことを意味しています。

やがて八月踊りが神事と不可分であったことが忘却され、芸能の様相が強くなっていくと、島唄や踊りは芸能の中核を担うだけのもの、と認識されるようになっていった、と推察されます。そして、「上がる日の春加那節」も美貌の女性への憧れを歌うだけの歌、と見なされるようになっていったと思われます。しかし、島唄の本質である神歌の霊力が島唄を歌う人、聞く人に感じられる瞬間があり、それが「上がる日の春加那節」に呼び寄せられて別次元からこの世界に現れるヴィジョンなのかもしれません。

また、民俗学者の酒井卯作氏は奄美の島唄について次のようなことを筆者に語ってくれました。

ある年配の奄美の女性の話です。彼女が以前住んでいた家で夕方、きれいな声で島唄を歌うのを聞いたそうです。「こんなきれいな声で、どんな人が歌っているのだろうか」と彼女は思って外を見まわしても誰もいない、そんなことが何回もあったそうです。島の人ですから島唄のことはよく知っているが、こんなにきれいな声は聞いたことがなかったそうです。ちょっと不思議に思ってユタさんの所に行ってみてもらったら、「あんたの家のある場所はカミミチだから、島唄が聞こえる。そこに人は住むものではない」と言われたそうです。その他にも色々なことがあって、その人はその家を引っ越したそうです。

このカミミチとは奄美の集落の中の神の降臨する神山から集落の祭祀の場であるアシャゲに下りて来る道を意味しています。前述のように、内田るり子氏は百年位前の瀬戸内町手安での祭祀について述べていました。その中の、オボツ山からアシャゲ、トネヤへ神女達の行列が通るのがカミミチです。このカミミチについて、かつて筆者は一九八〇年代の後半に奄美群島の加計呂麻島で「自分（六十代の女性）の家は民宿で、もっと大きくするために建物を増築したことがあった。でも、それから自分の身体の具合が悪くなり、病院で診てもらっても良くならないのでユタのところへ行った。そうしたらユタに『建物を大きくしたら、カミミチにかかってしまった。カミミチを通る神様が、狭くなったので白い衣の袖を翻《ひるがえ》して歩けなくなった、と言っている』と言われた。それで増築した部分を壊し、元に戻したことがあった」という話を聞いたことがあります。

このカミミチの話に類似した話にシヌグ道の話があります。町健次郎氏は与論島で「シヌグ道が通っている場所に牛をつなぐものではない」という言い伝えを知らず、雌牛をガジュマルの木につないでおいたら、雌牛は腹が膨《ふく》れて死にそうになったという人の話を聞きとりました（注二一）。その人はヤブ（筆者注／病気治療をする民間の呪い師）に相談に行き、読み上げるべき祓いの言葉をヤブに習い、死にそうになった雌牛の前で読み上げたら生き返ったそうです。

シヌグとは沖縄北部と与論島と沖永良部島で行われていた男性中心の祭りです。その祭りの行列が通る道がシヌグ道です。カミゴトでもあるシヌグに関しては、シヌグ道のほか、祭場についてもカミホウ（神処）と語られることがありました。また、シヌグを主導していた家が事情によってシヌグに参加しなくなったらその家に悪いことが起こるようになったり、シヌグに関係していた場所で災いが起こったりし、人々がそこを怖れる場合もあったことを町氏は記述しています。

このような奄美の人々の感じ方の奥には、土地は登記上は人間の所有物であっても目に見えない神霊が深く関わる場合があり、人が節度を持って利用すれば問題はないが、神霊の意思に背く使い方をすると良くないことが起こる、という考え方があります。具体的にはカミミチは祭祀を行う神役と共に不可視の神様が気持ちよく通行すべき道だから、人が家を建てたり拡張したりしてカミミチを狭めるべきではない、またシヌグ道はシヌグ祭祀の集団とともにシヌグの神様も通るから動物を置いたり汚したりしてはならない、ということです。その考えに従って住んでいた家から引っ越す人や、せっかく増築した部分を壊して元に戻す人、動物への祟りを鎮めるために祓いの言葉を読み上げる人がいる、というのが奄美の民俗を支える心性の一つの側面です。

酒井卯作氏の述べる家とカミミチのあり方は、その家のあった集落で祭祀が廃《すた》れ、カミミチが忘れられて久しいことも示しています。祭祀が行われ、神女達が降臨する神そのものとしてカミミチを通り、集落の人々が跪《ひざまず》き、頭を垂れてその行列の通過を待つ、というかつての日々が記憶にあり、カミミチにまつわる言い伝えや禁忌が生きていたら、その土地に家を建てて住むことはなかっただろう、と筆者は考えます。

しかし、カミミチは人々に忘れられても、そこを通った神女や神霊の記憶を強く宿しており、その神霊、あるいはカミミチが島唄を回路として人にメッセージを送ってきたのです。かつて神歌でもあった八月踊りの歌を高らかに歌った霊能高い神女のノロ達の魂、あるいは神女祭祀の神霊が、そのきれいな声の島唄の担い手だったのかもしれません。そのメッセージの受け手が自分に聞こえる島唄を訝《いぶか》しみ、ユタの所へ行き、結局家を引き払うことになりました。これはカミミチが人の手を離れ、神霊のものとなったことも意味します。

酒井正子氏は徳之島の西目手久のグスク跡に近い聖なる泉、フカソーの霊力が強力である、と述べます。そして他《よそ》シマでの歌の掛け合いは、相手に歌い込まれて返せないと命をとられるので、「シマ朝花《あさばな》」のフシでフカソーの泉を後ろ盾にして歌ったら、相手は怖がってあまり歌えなくなった、と述べます。なおグスクは南西諸島の石積みの構造物で、沖縄島には首里城はじめ巨大なグスクが存在しています。ただ、小規模な集落の聖域としてのグスクは奄美諸島から八重山諸島まで広く分布しています。フカソーの泉の歌は次のようになっています（注二二）。

わきゃや目手久
フカソ水産湯《うぶい》
どこかどこいじゃんてん
負けるん相《そ》や無《ね》ん

私は目手久の、
フカソーの泉の水を産湯につかった者だ
どこへ出たって、
負けはしないぞ

この他シマとの歌の掛け合いに負けると命をとられる、ということについて、酒井氏は「『歌あそび』はある意味で命がけで、とくに他シマではそれとわからぬようにクチ(呪いのことば)を入れられたり、サカ歌(邪術《じゃじゅつ》の歌)を仕掛けられたりする。本当に安心して掛け合えるのは、ことばを共有する同一集落の、より厳密には親族同士なのだ」と述べています。

この、他シマに対する警戒感は、現在は薄れていますが、かつては強烈なものがあったようです。筆者が一九八〇年代に奄美大島の調査に行った際、「隣のシマ(集落)とは仲が悪いから、嫁はとらない。海を渡った向こうに見える集落や、山の向こうの集落からは嫁をとる」という話を聞いたことがあります。「なぜ仲が悪いのですか」と尋ねた筆者に対し、「昔、戦争をしたから」と話者は答えてくれました。

いずれにせよ、他シマ(他集落)への警戒心が強く、対抗意識も激しかったかつての奄美諸島の歌掛けは単なる歌の勝負ではなく、もっと激しい魂と魂の戦闘、といった様相を呈していたことがわかります。

酒井氏は夜道でムン(悪霊)に会ったときにも、このフカソーのウタをうたうと、邪悪な攻撃から身を守ることができる、と述べます。東のアジ屋敷と歌にまつわる怪異を酒井氏は次のように述べています(注二二)。

まわりは雑草も生えない神高いところで、崖の下の洞窟は人骨累々としている。薩摩侵攻のとき、逃げ遅れて焼き殺された那覇の兵士の墓（ナハドゥル）だといわれる。夜になるとナハ・ムンバチ（那覇の死霊）がトントン・トントンと三味線を弾くのが聞こえた。かつては三味線の竿《さお》が残り、日本刀が供えてあったという。このような場所でムンバチが歌掛けを挑んできたとき、うたい負けると命をとられる。そこで、鶏を頭から脇に抱え込んで勝負し、負けそうになると頭をたたいてクヮーッと鳴かせる。すわ夜が明けたかとムンバチがひるむすきに、逃げ帰ってきた。昔はそんなにして一人前の唄者になったものだという話もある。

酒井氏は先学に拠って、アジ屋敷一帯がかつての集落の聖地で、神山や拝み山と呼ばれていた、と述べます。このアジ屋敷のアジは琉球の男性支配者である按司（あじ、あんじ）を意味します。按司は古琉球時代には地方に割拠していましたが、第二尚氏時代には首里に集められて官人体制に組み込まれました。琉球的な呼称の男性貴人の屋敷があったと伝えられるこの場所には、同じく琉球の都市、那覇の名の付く死霊が蟠《わだかま》っている、とされていました。

この怪異と歌にまつわる話は、かつての聖域であり風葬の地でもある場所に三味線を弾く死霊が出現することを語っています。しかもその死霊は那覇ムンバチ、と語られているのです。一六〇九年の薩摩による琉球侵攻の際、道の島すなわち奄美諸島を南下する薩摩軍を最も果敢に迎え撃ったのは徳之島の人々でした。その戦闘と怨《うら》みを残して死んでいった人々の記憶、そして人骨累々《じんこつるいるい》としている現実の風葬の洞窟と、あまりにも神高く恐怖を掻き立てる聖域の有様が、那覇ムンバチの伝説を彩っています。奄美諸島と音楽文化をある程度共有する沖縄の死霊は、三味線の竿《さお》と日本刀によって表象される力を持っています。すなわち、三味線の歌で歌い負けた生者を刀で殺害するという、歌と死の力です。

なお琉球においては三味線（三線）の部位で最も重要なのは竿（棹）とされます。胴の部分は代替がきくが、高価でしなりがあり、弦に共鳴する堅い木製の竿、例えばクルチ（琉球黒檀《こくたん》）製の竿などは持ち主にとって掛け替えがないものです。「火事になったら三線の竿を持って逃げろ」と言われることがあるくらい、竿は大切な存在であり、三線を象徴する部位です。

竿と刀で象徴される怪異に挑みながら一人前の唄者になったものだ、ということは、歌と死の力を持つ闇の中の怪異が人間の歌を鍛えることを意味します。不可視の世界に蠢《うごめ》く夜明けを怖れるものは、人間の歌の力と重なり合いながら別次元の魔性の力も持っています。怪異によって鍛えられた人間の歌声もまた闇と死と恐怖の魔性を帯び、それが歌声の魅力となった、と考えられます。また闇の怪異に打ち勝つため鶏を鳴かす、という人間ならではのトリックも使われたのです。
酒井卯作氏の述べる、不可視の世界からのメッセージを島唄が担うということ、そして酒井正子氏の述べる徳之島の那覇ムンバチのあり方は大変興味深いものです。それは、島唄が霊的な世界とつながっていることを意味しているからです。

また、ユタと島唄の唄者が同じ場合、あるいは非常に近い場合もあります。前掲のM氏は、「ユタであり歌う人でもある人が店に来た」という話を筆者にしてくれました。また、M氏はテレビに出ることもある高名な唄者は十代の後半に白い光をみて、それから変わったそうだ、と話してくれました。また、船大工をしながら島唄を歌う男性の唄者は天候を読み、予測することが巧みだ、といいます（注二）。

かつての島での生活は言うまでもなく自然に依拠していました。その生活の中では自然現象を的確に読み、未来のあり方を見通す者は大いに重宝がられたはずです。その能力を持つ人物が唄者である、ということは筆者には偶然とは思えません。M氏は東京在住の奄美ルーツの島唄の唄者の女性は誰に習わなくても三線を弾けるようになり、工工四《くんくんしー》（三線の譜面）を読まなくても人から聞いた島唄を覚えてすぐに歌える、と話してくれました。そして、彼女の祖母はユタである、ということです。この女性唄者はユタではありませんが、ユタの祖母と血脈によってつながる女性が唄者である、ということをとても興味深く思います。

このようにユタの霊能と唄者の才能は時に近接する場合があります。それが現れるのは、ユタの成巫過程です。内田るり子氏はユタになるべきサーダカウマリ（霊能高い生まれ）の人物が神の啓示であるシラシ（巫病）で悩むときにユタを訪ねて相談すること、そのときに自分がサーダカであることを知り、サーダカと判断したユタを親ユタということを述べます。そして親ユタは本人が拝まなければならない特定のカミチジをみつけるが、カミチジ推定に巫歌が役に立つ、と述べます（注二〇）。

内田氏は名瀬のユタの話、として「未熟巫の修業過程において、その本人の神筋の巫歌が自然に口をついて出てきて、その本人の『チジ』の推定に役立つという。『チジ』が推定されると遺品を探させる。この場合、本人は白馬に乗り白衣を着、すすきを手にして馬の止まった地点に神具・神刀等を探し遺品として持ち帰る」とも述べています。

チジに関しては沖縄諸島の久高島《くだか》の成巫式《せいふしき》イザイホーにチジウリという行事があります。チジウリとは聖域の御嶽に籠もり、新たに神女になる女性が神の神霊を引き継ぐことを意味しています。久高島の場合、女性は祖母の祀っていた香炉を継承するので、「チジウリは筋降りだろうか」と酒井卯作氏は述べています（注二一）。この場合の筋は血筋の筋を意味しています。

奄美の新ユタは必ずしも先祖のユタの拝んでいた神を引き継ぐのではありません。現在は白馬に乗ることはありませんが、かつてのユタは成巫過程で白馬に乗り、自分のカミチジゆかりの遺品を探しました。もちろん、現実的に考えると白馬が歩いて新ユタが拝むべきカミチジゆかりの品を探し当てる、というのはありそうもないことです。しかしその行為は、かつては有効であると信じられ、ユタの成巫過程の重要な要素として執行され続けていました。現在七十代の奄美の女性が子供の頃、家にいたら家の中へ馬に乗ったままの新ユタが急に入ってきて驚き、とても怖かった、という話を聞いたことがあります。この新ユタと驚いた女性の家に家系的、あるいは霊的なつながりがあるかどうかは、わかりません。

新ユタを乗せる白馬は、日本の神社の不可視の神を乗せる神馬《しんめ》と同様の存在と見なされており、新ユタの拝むべきカミチジの霊気を強く発する神道具のもとへ新ユタを導く、とされていました。ユタの霊能を持ちながら占い師として活躍するA氏は「遺品を探すとき、白馬に祝詞を唱え、白い団子を食べさせると自分で歩き、やがて止まって蹄《ひづめ》でトントンと地面を叩くそうです。そうすると、遺品があるそうです」と語ってくれました。またA氏はじめ奄美のユタの祭壇には白馬の像がある場合が多く、白馬がユタの観念上の霊的な導きの馬であることは、現在も変わりません。

このカミチジとは、かつてユタゴトをしたり、奄美の神を拝んだりして神具や神刀などの遺品を残した人物の拝んでいた神霊であり、その人物と新ユタは神秘的な絆で結ばれており、そのためにカミチジと神道具を継承する、と考えられます。いずれにせよ、新ユタが拝むべきカミチジの選定に巫歌が役に立ち、新ユタ本人の神筋の巫歌が自然に口をついて出る、ということはとても興味深いことです。

前述したように、伊豆諸島の島のミコケのある女性が死者を悼む御詠歌の「石童丸」を不意に歌いたくなり、ほとんど無意識のまま口ずさむと集落の誰かが亡くなることがある、といいます。それは集落の見えざる神が、今まさに死の世界に入ろうとしている人がいることをミコケのある女性の口を借りて告げていることを意味します。新ユタが自分の神筋の巫歌が自然と口をついてくる、という事象も見えざるユタの神が新ユタに拝むべきカミチジを直接教えることを意味しています。この巫歌はまさに、不可視の神霊の世界からのメッセージである、と言うことができます。

内田氏は、ユタの巫儀における巫歌の機能が大きく、ユタの巫歌の歌唱能力は巫儀を成功させる大きなファクターになっていること、巫歌の継承についてユタは親ユタから習ったのではなく自然に口をついて出たものであるといい、継承を否定するが、伯母・姪のユタが同系の歌を歌っている事実から親ユタの巫歌が子ユタに継承されることもあると思う、と述べています。またユタの巫歌に対する創造力や即興性は神の啓示もあって豊かであり、将来さらに新たな巫歌が生まれ、伝統的な巫歌が変容していくであろう、と述べています（注二〇）。

内田氏の一連の指摘は、奄美のユタの巫歌が巫儀の重要な構成要素であること、見えざる神と直接つながるのがユタの建前なので巫歌の継承は否定されがちだが、実際は継承される場合もあること、巫歌が時代によって変容していくものであることを示しています。

成巫儀礼において巫歌は自然に口をついて出たもの、というユタの認識はユタの神が巫歌を歌わせているのであって人為的に歌ってはいない、ということです。そのようなあり方こそがユタの理想像だ、とする認識はユタの内側に神が入り込むこと、すなわち神が憑霊してこそユタだ、ということを意味します。憑霊の現れが巫歌である、ということは神霊と歌の世界が極めて近いことを意味します。

このように南西諸島の歌の中には、神霊の世界とつながる手段になる歌があります。それは、前掲の酒井正子氏が指摘する葬送歌の一連のあり方とも重なりあうものです。人の世界と神霊の世界をつなぐ歌は、人が歌うものであると同時に神霊の呼び声となる場合もあるのです。

生と死

佐々木幹郎氏は『東北を聴く――民謡の原点を訪ねて』で東日本大震災の時の大船渡市在住の六十代の女性の体験談を記します。彼女は地震の後、仕事先から家に戻りました。死者や瓦礫《がれき》の中からのびる手などの多くの修羅場を見つつ、彼女はひたすら家を目指しました。その彼女はある歌声を聴きました（注二四）。

聴こえたんです。助けてください、とかいう声と、ショックで頭が……、年老いた方かな、唄うたってる声が聴こえてきましたよ。潰れた家の下から。でも、わたしはそっちのほう見ませんでした。見ませんでした。声だけ聴きながら。いま思えば、それは民謡じゃなかったかな、と思ったんですよ。八戸小唄だったと思いますよ。

なぜ民謡かとわかったかと言うと、うちのお姑さんも青森の八戸なんですよ、生まれが。お義母さん、八戸小唄が好きで、うたっていたんです。ちょっと、そう聴こえた。いろいろうたっていました、その方は。

明るかったです。三時半頃です。津波が来ている最中でした。来てましたよ。来てましたよ。だってわたしは高台で、津波を見てから我が家に向かったんですから。第一波、第二波って。夜も来た。それで、あの船、大きいのが上がったって聞きましたね。わたしが渡ったときは、陸に船、いなかったんですから。

潰れた家の下で、唄、一生懸命うたっていたのは、かなり年とっている方で。助けを求めていたんではなかろうかなと思いました。見ませんでした。つらかったです。かなしかったです。

佐々木氏はこの話を聞いて驚いて絶句したこと、そして瓦礫に埋もれて潰れた家の下から彼女が八戸小唄を聴いたことに言及し、「津波の第二波、第三波がこのあと襲ってくるのだが、うたっていた老人はその恐怖のなかで声を出していた。声を出している間、恐怖は遠のいていたのだろう。いや、楽しかったかもしれないではないか。民謡の力は強い、とつくづく思う」と述べています。

この潰れた家の下の老人は生と死の狭間で新民謡、八戸小唄「唄に夜明けた　かもめの港船は出てゆく　南へ北へ　鮫のみさきは　潮けむり」(「八戸小唄」歌詞一番)を歌っていた、というのです。まさに怒涛《どとう》の潮けむりである津波が襲っては引き、襲っては引く中、老人の命は風前の灯だったはずです。その中で八戸市の東部の鮫港の完成祝賀のために創られた新民謡が歌われました。新たに整備された港から南へ北へと忙しく船が出航していくことを歌う歌は、激震と巨大津波によって多くの魂が彼方へ、彼方へと散って行く時、老人自身を慰め、支えるために歌われました。

そのような時になぜ民謡が歌われたのか、と問いかけた場合、ひとつの答えは民謡の演奏に感激した老人が「ああ、寿命が三年延びた！」と述べることではないでしょうか。佐々木幹郎氏はクラシックやポップス音楽を聴いてライブ演奏を気に入った人々が「ブラボー！」と誉めたたえ、「素晴らしかった」、「感動的な名演だった」といった音楽に共感する誉め言葉を発するのに対し、日本の民謡に対する最高の誉め言葉はこれらとは違う、と述べます（注二四）。

面白いことに、老人たちの多くは、民謡の演奏に感激したときこんなふうに言うのだ。
「ああ、寿命が三年延びた！」
延びる寿命が「一年」でも「二年」でもいい。年数に意味はない。「寿命」はそのことをつねに意識している人たちが、本能的に使うことばだ。気が楽になった、リラックスした。ストレスを発散して、ほんとうに楽しんだ。そのことを「寿命が延びた」という言い方であらわす。生きる、あるいは生き延びる元気が出た、ということだ。それは生活に密着したところから生まれ出てくる評価のことばである。いや、音楽を批評しようという意識すら成立しないところで、実感として生まれてくることばだ。

この「寿命が延びる」という言葉には、民謡の薬効と言うべきものが表現されています。民謡を聴いても加齢による関節の強張りや腰の痛みが治ることはありません。しかし、肉体の衰えと共に頑なになりがちな心が開かれ、明るく朗らかになり、命への希望が目覚める、ということをこの言葉は表現しています。そのような民謡を生と死の狭間で老人は一人歌っていたのです。

また、奄美島唄の唄者である築地俊造氏は「奄美島唄、本質は『祈り』」と題する記事で「まんこい節」の思い出をステージで語ったことが次のように記されています（注二五）。

ハンセン病により心を閉ざしたある年配女性。テレビで築地さんが歌う姿を見て、「あれは私の島の唄」と喜んだという。後日、それを知った築地さんは女性のいる病院へ慰問に。最前列で花束を抱え、歌の前から泣いていた女性。帰り際、「私の代わりに島に届けて」と託されたのが紙にくるまれた数本の髪の毛だった。築地さんは回想する。「医師から『あの女性の心の鍵を開けてくれたのはあなただ。私たち医師にできなかったことをした』と言われ、民謡の力、唄の力を実感しました。その時から、私の島唄はその女性の祈りの心を紡いで歌っています」

同じ記事には築地氏の「島唄の本質は祈りです。自然に逆らわず、自然に感謝し人々を思いやる。歌えば歌うほど私の宝になっていきます」という言葉も記されています。

築地氏の「まんこい節」をめぐる体験は、奄美出身の年配女性が氏の歌声によって心を開き、奄美出自であることを懐かしみ、島と自分の繋がりを再認識したことを意味しています。ハンセン病はかつて癩病《らいびょう》と呼ばれ、治療法が確立されていなかった時期に罹患《りかん》した患者は症状が重篤《じゅうとく》になると外見が損なわれ、それゆえに業病《ごうびょう》と言われ、差別によって苦しみました。この年配女性もいわれなき差別に苦しみ、長年にわたって心を閉ざしてきた、と推察されます。その心を溶かしたのが故郷の奄美の島唄だったのです。この島唄の力によって彼女は自分の魂がやがて還るのは奄美であると認識し、築地氏に形見として髪の毛を託した、と筆者は考えます。

酒井正子氏は、かつてはテレビやオーディオなどの見るもの、聴くものがなかったため、奄美での娯楽といえばシマの歌や踊りであったため、集中、熱中の度合が濃い、と述べます

（注二二）。

　そして「歌をうたって畑をすれば、面白いことばかり思うから疲れを知らないよ」、「胸のわだかまりを発散するように、老若男女融け合って踊った」という人々の言葉を伝えています。酒井氏は「つらい労働の日々を楽天的に生き抜く意欲や喜びが歌によりもたらされた。そんな湧き出るような庶民の歌がシマウタのベースにある」、「無学であっても歌が慰め、励まし、知恵の泉、人生の伴侶だった」と述べています。この奄美の島唄に対する人々の思いや酒井氏の記述にも、歌が持つ力が表現されています。

　このように歌には人の心を慰め、高揚させ、命を延ばす力がある、とみなされていました。この力は歌の影響力、感動を呼び覚ます力、などと言われます。それはもちろんそうですが、筆者にはその力が霊力のように思えます。自らの内から湧き出す尽きない泉のような歌の力によって人々は辛い現実を乗り越えていきました。目には見えないが、確かにそこにある力、とは霊力にほかなりません。

　酒井正子氏は前掲の死者の哀惜の歌「やがま節」の他にも多数の哀惜の歌を紹介しています。その中に一八八〇年代生まれの徳之島下久志の唄者に謎の古謡「うじょぐぃ節」があります。なお③と④は大意のみで、墓にいる死者からの歌です（注二二）。

①あもいもい　あもい
轟木原《とうるぎばる》　夕くゎちぃ　もゆんなよ
かまちぇぬ石くびりなん、
アレ一《てぃー》ちぃがたちゅんど
ハレ二《たー》ちぃがたちゅんど

母さん母さん、
轟木原へは夕暮れには行きなさんなよ
カマチェの石クビレというところに、
幽霊が一人二人立っているよ

②う月　天道がなし、
ゆがまぶいヨ　しんしょんな
あたらきゃぬ　吾子《わくゎ》ぐゎ、ハレ守てたぼれ

お月様お天道様、
ひいきをしないで
愛しい我が子を、守ってください

③石枕を敷いて、欲しい物はありません／水の初と花の枝だけ供えてください

④石枕を敷いて、帰りたくても帰れない／石枕を敷いて、帰る道もない

酒井氏はこの歌群が墓前での亡き子と母のやりとりではないか、と述べています。そして徳之島には亡き母と子の問答を歌った「まんま口説」があることを紹介しています。

酒井氏はまた、大正期頃まではよくうたわれていた、と思われる個人が歌う哀惜の歌を紹介しています（注二二）。

①エー思《う》めんなめな言ちゃんてん　思うな思うなと言っても、
我が思めんごうきゅめ　思わずにはいられない
思めは勝るしが　思いは勝ることはあっても、
忘《わし》りならん　忘れることはできない

②遊《あし》ばだな何《ぬ》しゅんが　遊ばないで何する、
舞いらだんば何しゅんが　踊らないで何する
明日が後生《ぐしゅ》が道　明日はあの世に、旅だつとしたらどうするか、
発《た》たばきゃしゅり　いまを楽しくすごそう

③別れてやいきゅり　別れていくのに、
ぬば形見うきゅんが　何を形見に置こうか
汗肌《あしはだ》ぬ手拭《てぬげ》　汗肌をぬぐった手拭《てぬぐい》、

うりどぅ形見　　　　それこそが形見

これらの歌の採集者は十歳の頃、年配の女性が蘇鉄《そてつ》の実を取り出しながら歌っている歌に興味を持って「何の歌か」ときいても「ワレンキャヤキキャムン（子供は聴かなくていい）」と教えてもらえず、二十歳過ぎて近所の唄者が「あまりうたったらいかんがね」と言いながら教えてくれた、といいます。死者への思いを忘れることができない自分、儚《はかな》い束の間の命を歌と踊りで謳歌《おうか》しなければすぐに死が近付くと思う自分、自分が死者になった時の形見の品に思いを廻らす自分、という生と死の交錯がこの歌群では歌われています。

また、歌の伝承者が冥界的なことが歌われる場合もある「やがま節」の三種類の歌詞を区別している特殊な事例もあることを、酒井氏は報告しています（注二六）。

（二）ねんごろ（愛人）の「やがま節」

三京《みきよ》ん後《くし》　ヨー山な　　　　三京の後ろの山中に
やがねがは　筵《むしろ》　　　　くわず芋の葉を
ハレやがねがは　ヨー筵　　　　筵《むしろ》代わりに敷いたのが
吾《わ》きゃ敷《し》ちゃるマタ清《きゆ》らさ　　　　なんと美しいことだろう

（二）　飢饉年の「やがま節」

三京ぬ後　ヨー山出《い》じ
苦《にぎや》やんぐゎや　はんぎてぃ
アレまちぃぬぎや　ヨー歯釜《はがま》
ぶくやマタじなし

三京の後ろの山へ出かけて
苦い樫の実を拾って
でんぷんの部分は歯釜で
泡の部分は大丸鍋で炊く

（三）　墓送りの「やがま節」（別名「はらみ女のヤガマ」）

離《はな》り瀬《し》や　ヨー渡《わた》て
うじょ貝《にゃ》ぐゎや　拾《しる》てぃ
ハレ愛人《むじょ》に二《たー》ちぃ　呉《く》いたんとぅ
吾《わ》ぬやマタ一粒《ちゅしじい》

離れ干瀬を渡って
ウジョ貝を拾って
愛人に二つあげたら
私のは一つになった

アレ落《う》てぃゆん此《く》ん世《ゆ》
ヨーめとぐぇ
吾《わ》ん子《くゎ》ぐゎマタ如何《きゃ》すんが

命を落としていく
メトさんよ
私の子をどうしたらいいのか

この三種類の歌について先学は（一）を霊との情事、（二）を飢饉で餓死した人への弔い、（三）を海難事故死を歌い込んでいる、と解釈しています。酒井氏は「尋常《じんじょう》ならざるできごとが歌われており、長寿をまっとうした『普通の死』の場合もこのような歌が歌われたのだろうか、との疑問も浮かぶ」と述べています。いずれにしろ死者の世界や霊を身近に感じる心があってこれらの歌がある、ということは指摘するまでもありません。

また酒井氏は治る見込みのない病人のトゥギ（付き添い）で歌われる「二上がり節」は、看病の人が眠ると病人が絶命する、として夜通し賑やかに掛け合われた、と述べます。そして病人も歌をせがみ、サンシル（三味線）の音を聴くと子守歌のように苦痛がやわらいで安らかに眠れたという、と述べています（注二二）。この三味線と歌が病人の苦痛を和らげる、という事象は前述の瞽女の歌と同様です。

このサンシルについて酒井氏は、前掲のムンバチ（死霊）との歌掛けに言及し、「死霊はサンシルを好むのだろうか」と問い掛け、「サンシルには魂が込められていると思われているのは事実で、楽器を新調する時は製作者はその家を清め、福を招くように念じて簡単な儀礼をして渡し、家ではつねに床の間に置かれる。亡くなった人が愛用した楽器は、その人の霊が乗り移っているとして、とりわけ大切に扱われる」と述べています。酒井氏は「太鼓を打つ」といえば「祝いをする」ことを意味し、太鼓は悪霊を遠ざけるとされているので、三味線とは対照的である、とも述べています（注二六）。

　この三味線のあり方は、瞽女の三味線のあり方に通じるものがあります。奄美における三味線は、歌を引き立てる旋律楽器であると同時に霊魂に訴えかける音を出す、とみなされていたのです。

　酒井氏は「二上がり節」にまつわる最も印象に残るエピソード、として一九八五年に九七歳で亡くなった女性の事例を挙げています。最後の一年ほどは弱って寝込み、しきりに生まれ故郷の集落に帰りたがっていた女性の枕元には小さな太鼓を用意し、いつも掛け合いの相手を待っていた、といいます。亡くなる前夜、甥達がそろってサンシルを弾き、みな涙を流しながら歌ったら、女性も意識がないまま歌ったとも、下句はうたいきらずに手だけを打ったともいわれていたそうです。その掛け合いは次のようになっています。最初が女性の歌、次が義妹の歌です（注二二）。

別れてやいきゅり、
何《ぬ》ぬ形見差上《うえ》しぇら
生爪《なまづみ》や剥《は》がち、
形見うぇしぇら

別れていくのに、
何を形見に差し上げましょうか
生爪を剥がして、
形見にいたしましょうか

しごく生爪は、
やりど剥がしゅしが
うりとぅ吾《わ》んとぅがで、
何《ぬ》ぬ隔《ふぇだ》めぬあんが

痛む生爪は、
苦労して剥がすが
あなたと私の間では、
何の隔てがありましょうか

また酒井氏は、一九〇七年生まれの女性が一四歳の時に母を亡くし、その後一週間ほど父が毎晩家の中で「二上がり節」を歌っていたのが忘れられない、と述べたことを記述しています。その歌詞は次のようになっています（注二二）。

地獄極楽や　如何遠んべぬシマか
行き声やあても　戻る声無らんど
行きゅんてぐゎにしりば　あとなん影たちゅり
居らんてぐゎにしりば　居らるんしょやねん

地獄極楽は、何と遠いシマか
行くときの声はあるのに、戻る声はない
行こうとすれば、あとに影が残る
居ようとしても、居られない

酒井氏は前者を「行ったきり、『ただいま』と帰ってくることはもうないのか、という思い」、後者を「いまだ家の中にとどまる母の霊が想いをうたうかのようだ。死者になりかわってうたう、という典型例なのではないか」と述べます。
酒井氏は他にも死者の立場から歌った歌がある、として次のような歌を挙げています。

「二上がり節」
あんまりうらきりてぃ、
高うしゅじ登《ぬぶ》て
さんかうらげしゃぬ、
いちゅりならんど

あまりの寂しさに、
山の頂に登り、
眼下の人間界が羨《うらや》ましくて、
いてもたってもいられない

「道いきんとぉ節」（与論島）
月ぬ夜《ゆ》む照《て》ゆい
陰《はぎ》ぬ夜む照ゆい
さんか珍《みじ》らしょや
かなしどぅしんちゃ

あの世は月の照る夜もあり、
闇夜で星の照る夜もあって
この世とかわりはないが
やはり現世での面白かったことが、
忘れられない

酒井氏は哀惜歌とは結局は「親しい人の霊と向き合って直接対話する『独り歌』ではなかったか、と私は思っている」と述べます。そして「霊との対話であるからこそ、『私』『あなた』という一人称・二人称で直接呼びかけ、『死者になりかわってうたう』状況も生まれてくるのではないだろうか。重ねて奄美特有の『歌掛け』というウタの生成装置が働き、死者からのウタの数々が生み出されたと考えられる。むろんこうしたウタが多数残されている背景には、死者をウタで送るシマの儀礼や習俗が深く関与していることはいうまでもない」と述べます。

そして酒井正子氏は哀惜歌がうたわれる四十九日とは、前述のように遺体の肉が落ちて骨化する特徴的な時期であること、風葬や洗骨を行ってきた琉球弧では遺体の変化が克明に見届けられてきたことを指摘し、「首が落ち、内臓が腐り、腐敗が進行する骨肉分離のプロセスは苦痛に満ちたものと考えられ、その間死者を慰め励ますべく、近親者は墓参や儀礼をくり返すのである」と述べています。

遺体の変化を見届けることに関して、酒井卯作氏は死者の死の確認が三日目の行事に集中していることを指摘します。氏はその理由を考察し、「たぶん三日めあたりから、死者の腐敗が目にみえてはっきりするからであろう。つまり肉体の完全な終焉《しゅうえん》を、腐敗という形で認め、それを自分の目で確かめることができるからで、その猶予の期間が三日であったと私はみる」と述べています（注二七）。

風葬や洞穴葬が行われていた地域におけるかつての庶民の死は、魂の脱け出た肉体の腐敗と歌とともにありました。家族や親戚や友人として心を通わせ、お互いを慕いながら生きた命が終わると、死者の肉体の腐敗、という現実が否応なく突きつけられます。それは、あらゆる人々の命の終わりにくるものであると同時に、恐怖の感情を掻き立てる事象です。生き残った人々は死者を悼み、腐臭を感じながら死者への呼びかけの歌を歌いました。時には生者の口を借りて死者も歌を歌いました。

大津波の瓦礫《がれき》の下で歌う老人、そして奄美の死者への哀惜の歌は、生と死の狭間で歌う人々がいることを我々に知らせてくれます。みてきたように歌は病や加齢、そして死にゆくことへの悲しみを一時和らげます。それは歌の霊力といっていい、と筆者は考えます。また同時に、身近な死者や霊の世界に歌は働きかけます。胸の内の思いでも僧侶の経文でもなく、歌であるから死霊に届く、という奄美の哀惜の歌のあり方は、歌がシャーマンの歌と同じ力を持っていることを意味しています。

もちろん、奄美の哀惜の歌を歌う人々は、ユタやヤブ、ホゾンなどのシャーマンや呪医ではない場合がほとんどです。彼らはシャーマン文化に馴染んでいるとはいえ、職業シャーマンではありません。しかし、哀惜の歌は生と死の間を往き来することができます。また、前述のように奄美の島唄の出自は神歌の場合があります。神霊や死霊の世界と歌が密接に結び付いているのが奄美の島唄の世界である、ということができます。

歌声

与那原恵氏は琉球文化の研究者でもあった鎌倉芳太郎の生涯を辿った『首里城への坂道』で、柳田國男の紹介で石垣島に大正一一年夏にやってきた東洋音楽研究者の田辺尚雄が八重山芸能の会を二日にわたって楽しんだことを記述します。その中に次のような記述があります（注二八）。

八重山はすばらしい民謡を生んだ唄の宝島だ。とくに島のさまざまなできごとをうたう「ユンタ」や「ジラバ」などのすばらしさに田辺は感動し、「男女ともその声の美しく精錬されたことは驚くべきもので、女の声は数百メートルの野を通してコルネットのようにひびいている」と絶賛した。帰京後、田辺は沖縄、台湾の旅を『第一音楽紀行』（大正一二年）にまとめ、島人に聞いた与那国島の伝承をもとにして、民謡、舞踊も採り入れた舞台「与那国物語」（大正一四年初演・歌舞伎座）の脚本も執筆しており、よほど旅の印象が深かったようだ。

コルネットとはトランペットよりも小型の金管楽器です。この楽器のように女の声がユンタやジラバによって数百メートルも響く、というのは田辺尚雄氏でなくても驚くべきことです。通信手段が多い現代ではもはや想像もできませんが、かつての通信手段は烽火《のろし》や書状のほかは人の声や口笛、そして歌声しかありませんでした。

宮本常一氏は『忘れられた日本人』の中で昭和二五（一九五〇）年に対馬の北部の山道を歩いた経験を語ります。宮本氏はリュックを馬に乗った三人連れに運んでもらい、暗くなりはじめた山道をたどり、峠で待っていた三人に追いつきます。氏がこういう山の中の見通しのきかない道を歩くことは容易ではない、と述べると、一行の中の老人が「自分はいまこをあるいているぞという声をたてることだ」といいました。どのように声をたてるのか、ときいた宮本氏に老人は次のように答えます（注二九）。

「歌をうたうのだ。歌をうたっておれば、同じ山の中にいる者ならその声をきく。同じ村の者なら、あれは誰だとわかる。相手も歌をうたう。歌の文句がわかるほどのところなら、おおいと声をかけておく。それだけで、相手がどの方向へ何をしに行きつつあるかぐらいはわかる。行方不明になるようなことがあっても誰かが歌声さえきいておれば、どの山中でどうなったかは想像のつくものだ」

宮本氏は「民謡が、こういう山道をあるくときに必要な意味を知ったように思った」と述べ、老人に歌を所望します。老人は鞍《くら》はあるが鐙《あぶみ》のない不安定な馬上で、馬方節としての素朴さを持った追分を朗々と歌ったほか、古い声明《しょうみょう》の口調が残る大江山口説なども口にした、といいます。

宮本氏は対馬には六つの霊験あらたかな観音様があり、六観音まいりといってそれをまわる風習が中世頃からあり、佐護《さご》にも観音堂があって巡拝者の群れが来て民家に泊まったこと、すると村の若い者達が宿へいって巡拝者と歌の掛け合いをしたことを述べます。そして、節のよさ文句のうまさで勝敗をあらそうが、最後はいろいろなものを賭けて争い、男は女にそのからだをかけさせることがあった、といいます。そして佐護の歌の上手な老人はそうした女達との歌合戦に負けたことはなく、巡拝に来たこれというような美しい女のほとんどと契りを結んだ、といいます。

宮本氏は対馬の北端に歌垣が残っていたと指摘し、「そのときには嫁や娘の区別はなかった。ただ男と女の区別があった。歌はただ歌うだけでなく、身ぶり手ぶりがともない、相手との掛けあいもあった」と述べます。

かつての対馬の村の生活の中の民謡は情報の伝達手段であり、生存証明でもありました。また、歌は相手があって掛け合いとなる時は、半ば娯楽、半ば真剣勝負であり、男と女は居合わせたその場で、歌の掛け合いと賭けをしました。南西諸島ほどの激しさはなくても、歌の掛け合いへの情熱にはあついものがあった、と推察します。

ところで筆者は一九八〇年代に奄美大島の宇検《うけん》村宇検に共同調査で赴いたことがあります。宇検のノロ職を継いだ女性の家にはかつてのノロ祭祀でうたわれた神詞《かみことば》を記したノートが伝えられていました。このノートは、ノロ祭祀や神詞が消滅していくのに危機感を抱いた老ノロが、孫の助けを借りて口承の神詞を平仮名と簡単な漢字で記したものです。ノートの中の神詞のひとつは宇検村宇検の背後の山を越えた大和村今里の今里ノロのオモリ(神歌)と共通する詞句を持っており、今里と宇検のノロ祭祀に関する交渉を思わせます。

その神詞の中に「こんぺらさまのまつり(金毘羅様《こんぴらさま》の祭り)」があります。この神詞は鰹《かつお》漁が盛んだった頃、毎月一〇日の宇検漁業組合の鰹船の大漁祈願の際に唱えられたらしく、ノロ祭祀とは関係がありません。この神詞は難解ですが、民謡の興味深い詞句を含んでいます。訳すのは不可能ですから、簡単な漢字を当てて以下に記します。ルビは平仮名を漢字に当てた部分です(注三〇)。

「こんぺらさまのまつり」
しこんさんしょなかのごそ　どんのこんぺら　こんたいそでご

しんじつに金山《かなやま》　金《かな》ざくら　金山彦《かなやまひこ》の命《みこと》　二十《じゅう》六や六だいし
しんしょぼさつめみまいに　おくのへんにわこうはんよ
吉日《きら》　くわん年《ねん》　二月十日の　あまくざうす時《とき》には
くびにわぎさをはめ　こようかんに　わぎつ　わぎつ
あうはしくいにはかんじろくを入《い》れ
左《ひだり》のすんてには　六尺《しゃく》三寸の綱《つな》を持《も》って
右《にぎり》の御手《おんて》には　三尺三寸のふきんを持《も》って
あくまをぎじやとく時《とき》には　かなめてらしの
くわんおんこしょうの　御願《おねが》い

この神詞の金山彦は鍛冶《かじ》の神であり、本土の金屋子神や金山彦への信仰が奄美に伝来した、と考えられます。問題は最初の「しこんさんしょなかのごそ　どんのこんぺら　こんたいそでご」です。筆者はかつてこの詞句を金毘羅山《こんぴらさん》を讃える民謡「金毘羅船々《こんぴらふねふね》」の一部がくずれた形ではないか、と指摘しました。「金毘羅船々　おいてに帆かけて　しゅらしゅしゅしゅまわれば四国は讃州《さんしゅう》那珂《なか》の郡《ごおり》　象頭山金毘羅大権現《ぞうずさんこんぴらだいごんげん》　一度まわれば」の傍線部分が口頭で伝えられていくうちにくずれた可能性は十分ある、と考えます。

それならば、なぜそのようなことが起こったのでしょうか。言うまでもなく、金毘羅信仰は本土から奄美に伝わったものです。航海守護の神として信仰を集めていた四国の金毘羅神社は、金毘羅信仰を持つ船の寄港地に分社を持っていました。北前船の寄港地に金毘羅神社があることは、よく知られています。

そして、金毘羅山の霊験を歌う「金毘羅船々」にも呪力がある、とみなされていました。筆者の知人の両親（一九二〇年代〜三〇年代生）は、かつて瀬戸内海で家を船として暮らす生活をしていた、といいます。家船《えぶね》に乗っていた時期は、知人がごく幼かった頃だったそうですが、ある日、天候が悪くなり、船が揺れて仕方がなかったそうです。その時、両親は幼かった知人に向かって「こんぴら、ふねを歌って」と言ったそうです。そこで知人が「金毘羅船々」を歌ったら波が静まった、ということです。知人はそのことを記憶していないそうですが、両親が陸《おか》に上がった後、その話を聞かせた、ということです。

この知人の話だけで「金毘羅船々」の歌の呪力に言及するのは行き過ぎかもしれません。しかし、「金毘羅船々」の歌詞の一部が奄美の宇検村宇検の神詞に混入したのは、金毘羅山に霊験があり、金毘羅山を讃《たた》える歌にも霊力がある、という認識があったからだと筆者は考えます。

本土伝来の金毘羅信仰は船に順調な航海をもたらす、とされていました。そして同じく本土伝来の鍛冶の神、金山彦信仰は金属の鍛造《たんぞう》に携わる神特有の黒魔術的な側面を持っています。これは、神の望むように祭祀を行えば金属はうまく精錬《せいれん》できるが、神の望みを無視すると失敗する、というものです。その二つの神々が宇検の神詞に登場し、神詞が鰹の豊漁祈願の際に唱えられていたのはとても興味深いことです。

かつて驚異的な歌声を持つ人がおり、歌声が多くの情報を伝達しました。そして、歌が娯楽とも賭けともなり、神の霊験を讃える民謡も呪力を持つ、とみなされていました。そのような生き生きとした歌声の時代が過ぎ去ってから、まだ百年も経っていません。それなのに、我々はそのような歌声を忘れ、音響機器によって人工的に処理された歌声ばかり聞いています。そのことは音楽の大衆化に大いに役に立ったのであり、あげつらうべき事柄ではありません。ただ、かつての歌声の強さ、豊かさ、そして激しさと霊力に思いを致したい、と筆者は考えます。

おわりに

みてきたように南西諸島の神歌や島唄には生死や人と神の世界の境界を越える力がある、とされていました。また、歌声や三味線の調べに霊的な力を感じる人々もかつては大勢存在していました。そして、歌い手とシャーマンの資質が非常に近い場合があったり、歌の才能の継承のあり方を考察する際に日本民俗の土俗的な要素が投影できたりします。

かつての歌は娯楽というだけではなく多彩な文化的意味を持っていました。その中にシャーマン性と通底する部分があったことを、我々はもっと認識していいのだと思います。文字で書かれた文章を論理で理解することや、筆文字で美しく書かれた和歌を鑑賞することなどは、文字文化を持っている現代人にとっては当たり前のことです。しかし、文字が身近になかった時代、人々が思いを託すのは歌であり、情報を伝達するのも声や歌声でした。遙か遠くまで聞こえる歌声は、大声でもなく怒鳴り声でもなく、歌声だからこそ響いた、と筆者は考えます。

そして、歌声が人の心の奥底に届き、強く揺さぶることもあります。その歌が流行歌であってもクラシックであっても民謡であっても、そのような歌声があり、歌声を担う歌い手がいます。そのような歌い手のひとりが藤圭子であり、その母の竹山澄子氏も娘の宇多田ヒカルも才能豊かであることは言うまでもありません。そのような稀有の才能は、まさにある所にはあり、ない所にはない、というものだと思います。

自らを苦しめるユタのカミダーリィから逃れるために島唄を歌う、という事例を先に挙げましたが、もし自殺した藤圭子がどんな形であれ歌い続けていたら、彼女は死を選ばなかったかもしれない、と筆者は想像します。シャーマンに成巫できずにもがき苦しんでいるような彼女のインタビュー映像から、そう思いました。歌い続けることによって自分にとり憑いたデモーニッシュな才能を上手に発散し続けていったら、彼女は自分を救えたのではないか、と筆者は考えます。

ところで、ヘビーメタルの歌い手であり、一九八〇年代から息の長い活動をしているロック歌手、浜田麻里の歌声の特徴は力強く美しいシャウトです。彼女は二〇一三年一〇月二五日の産経新聞のインタビューで「以前、私にとって歌や音楽は自分を表現する手段でしたけど、最近は祈りとか魂の叫びだと感じていますね。そういう風に変わってきたと思います」と語っています。彼女は同じインタビューで「ボイストレーニングはツアーの一カ月くらい前から始めます。二時間くらいかけて徐々に歌うためのノドを作っていく感じです。そのためか、ライブでは後半にいくほど声がスムーズに出ますね。ハイトーンの曲が後半に多いのも、そうした理由からなんです」と語っています。

浜田麻里は美貌の女性で、女子大生だった頃にデビューし、若い時代から人気を誇っていました。しかし、人気に溺れず、自分を見失うことなくステージを誠実にこなし続けています。その彼女が自分の歌や音楽が自分を表現するばかりではなく、最近は祈りや魂の叫びだと感じる、と述べているのは示唆《しさ》的です。それは、歌い続けることによって彼女の歌が本人も意図しないうちに聖性を帯びてきた、ということを意味します。

自分を表現する、ということは自分という枠があって歌がある、ということです。その枠が意図しないうちに外れていった、ということは彼女の歌声が個を超えて多くの魂と共鳴できる聖性と霊性を帯びたことを示しているのではないでしょうか。ステージに立つためのトレーニングを欠かさず、普通の人間としての日常を逸脱せず、さらに音楽に対して誠実であることは、注目度の高い歌手にとっては案外難しいことかもしれません。しかし、それを続けることによって彼女の歌や音楽は新たな地平に達したのだろう、と筆者は考えます。

浜田麻里と藤圭子はタイプが違い過ぎます。ただ、若いひと時にいつまでも語り継がれる歌を歌った歌手が偉大なら、年齢を重ねることによって若い時期とは別の次元を切り開いていく歌手も偉大です。その歌声には共に、日本人が百年前にはよく感じていたであろう力が宿っています。

霊力はシャーマンでなければ見ることも感じることもできず、捉えがたいものではありますが、この世界に確かに存在しています。また、歌声も霊性や聖性を持つことがあります。歌声は本来、歌い手と聞き手が対面状況にある一時のもので、その状況から離れたら印象だけしか残らず、定義もしにくく捉えがたいものです。その捉えがたいもの同士が相似しているのは、シャーマンの力と歌い手の歌の力がよく似ているからだと思います。

歌手は歌声で非日常的な抒情《じょじょう》を醸《かも》し出します。一方、シャーマンも非日常的な世界の消息を人にもたらします。また、歌声は人に生きる力を与え、シャーマンは巫儀で人助けをします。目に見えない霊力が歌声に籠っていることもあれば、シャーマンが自分のあり余る力を歌で発散することもあります。人間の霊力の発露のひとつのあり方が歌声である、と言ってもいいのかもしれません。

そのようなことを読者の皆様に知っていただけたら幸いに思います。

あとがき

この書物の元になった原稿は、二〇一四年度秋学期の某大学での琉球民俗に関する講義の講義録です。講義を聴講して下さった学生さん達に感謝いたします。

また、筆者が出席している酒井正子先生主催の奄美シマウタ研究会では、奄美の島唄に関する多くの貴重な資料の提供を受けております。島唄に関する酒井正子先生の多くのご教示と、スタッフの皆様や出席される皆様方の示唆に富むお話を参考にさせていただいた部分があることをここに記し、深く感謝申し上げます。

また、筆者の多くの知人達も歌やシャーマンにまつわる豊富な見聞を筆者に教示してくれました。個々の皆様のお名前をあげることはしませんが、皆様に感謝申し上げます。

最後に出版を快諾して下さった南方新社の向原祥隆社長と丁寧な校正をして下さった大内喜来さん、そしてスタッフの皆様に深く感謝いたします。

二〇一五年五月二五日

福　寛美

注釈

（注一）『悲しき歌姫《ディーヴァ》』（大下英治、イースト・プレス、二〇一三年）を参考にしています。
（注二）『ユタ神誕生』（福寛美、南方新社、二〇一三年）を参照しています。
（注三）『沖縄シャーマニズムの社会心理学的研究』（大橋英寿、弘文堂、一九九八年）を参考にしています。
（注四）「艶歌と援歌と怨歌」（五木寛之、初出一九七〇年六月七日「毎日新聞日曜版」『藤圭子　追悼　夜ひらく夢の終わりに』河出書房新社、二〇一三年）を参考にしています。
（注五）「藤圭子の衝撃、まちがいなく怨歌」（五木寛之、朝日新聞デジタル、二〇一三年八月二二日）を参考にしています。
（注六）「「歌」に憑依された人」（湯山玲子『藤圭子　追悼　夜ひらく夢の終わりに』河出書房新社、二〇一三年）を参考にしています。
（注七）「哭きからウタへ―琉球と日本本土の葬送歌をめぐって―」（酒井正子、『口承文芸研究第三七号』日本口承文芸学会、二〇一四年）を参考にしています。
（注八）『日本盲人史』（中山太郎、八木書店、一九六五年）を参考にしています。
（注九）『新潟県の地名』（平凡社地方資料センター編集、平凡社、一九八六年）を参考にしています。
（注一〇）『わたしは瞽女』（大山真人、音楽之友社、一九九八年）を参考にしています。
（注一一）『瞽女　旅芸人の記録』（五十嵐富夫、桜楓社、一九八七年）を参考にしています。
（注一二）『高田瞽女最後』（大山真人、音楽之友社、一九八三年）を参考にしています。
（注一三）「越後瞽女溺死一件」（市川信次編『近代民衆の記録4　流民』林英夫編、新人物往来社、一九七一年）を参考にしています。
（注一四）『瞽女　信仰と芸能』（鈴木昭英、高志書院、一九九六年）を参考にしています。
（注一五）『瞽女うた』（ジェラルド・グローマー、岩波書店、二〇一四年）を参考にしています。
（注一六）『次の世は虫になっても』（桐生清次、柏樹社、一九八一年）を参考にしています。
（注一七）『国際日本文化研究センター』怪異・妖怪伝承データベース
http://www.nichibun.ac.jp/YoukaiCard/2361274.shtml を参考にしています。
（注一八）『憑霊信仰論』（小松和彦、講談社、一九九四年）を参考にしています。
（注一九）『遠野物語』（柳田國男、新潮社、一九七三年）を参考にしています。
（注二〇）『奄美民謡とその周辺』（内田るり子、雄山閣、一九八三年）を参考にしています。
（注二一）「与論島奇譚」（町健次郎『南島研究第四七号』南島研究会編、二〇〇六年）を参考にしています。
（注二二）『奄美・沖縄　哭きうたの民族誌』（酒井正子、小学館、二〇〇五年）を参考にしています。
（注二三）『琉球列島民俗語彙』（酒井卯作編者、第一書房、二〇〇二年）を参考にしています。
（注二四）『東北を聴く―民謡の原点を訪ねて』（佐々木幹郎、岩波書店、二〇一四年）を参考にしています。
（注二五）「奄美島唄、本質は「祈り」」（『定年時代　二月下旬号』株式会社新聞編集センター発行、
二〇一五年二月）を参考にしています。
（注二六）『奄美歌掛けのディアローグ』（酒井正子、第一書房、一九九六年）を参考にしています。
（注二七）『琉球列島における死霊祭祀の構造』（酒井卯作、第一書房、一九八七年）を参考にしています。
（注二八）『首里城への坂道』（与那原恵、筑摩書房、二〇一三年）を参考にしています。
（注二九）『忘れられた日本人』（宮本常一、未来社、一九六〇年）を参考にしています。

（注三〇）「神詞」（福寛美『奄美伝統文化の変容過程』高橋統一編、国書刊行会、一九八九年）を参考にしています。

■著者プロフィール

福　寛美（ふく・ひろみ）

1962年東京生まれ。現職、法政大学兼任講師。法政大学沖縄文化研究所兼任所員。琉球文学・神話学・民俗学。1984年学習院大学文学部国文学科卒業。1987年学習院大学院人文科学研究科博士前期課程卒業。1990年学習院大学院人文科学研究科博士後期課程単位取得退学。文学博士。主な著書に、『ぐすく造営のおもろ』（新典社、2015年）、『ユタ神誕生』（南方新社、2013年）、『『おもろさうし』と群雄の世紀』（森話社、2013年）、『夜の海・永劫の海』（新典社、2011年）、『うたの神話学』（森話社、2010年）、『琉球の恋歌 恩納なべとよしや思鶴』（新典社、2010年）、『喜界島・鬼の海域 キカイガシマ考』（新典社、2008年）ほか。

歌とシャーマン

二〇一五年八月十日　第一刷発行

著　者　福　寛美

発行者　向原祥隆

発行所　株式会社　南方新社

〒八九二―〇八七三
鹿児島市下田町二九二―一
電話　〇九九―二四八―五四五五
振替口座　〇二〇七〇―三―二七九二九
URL　http://www.nanpou.com/
e-mail　info@nanpou.com

印刷・製本　株式会社　朝日印刷

定価はカバーに表示しています
乱丁・落丁はお取り替えします

ISBN978-4-86124-321-9 C0014

奄美をもっと知りたい方のために

奄美、沖縄 本の旅

◎神谷裕司

定価（本体 1,600 円＋税）

南島本、とっておきの 70 冊。歴史、民俗から政治、社会、グルメ、遊びまで、数々の中から名著を厳選し、エッセンスを紹介。本が好き、奄美、沖縄が好きな人にはこたえられない、南島学入門の道標。

奄美まるごと小百科

◎蔵満逸司

定価（本体 1,800 円＋税）

心動かされる奄美世界。元ちとせを生んだ奄美の唄と祭り。伊勢エビ汁、山羊汁などの海・山の幸。マリンリゾートとは一味違う素潜り漁、夜の「イザリ」。はたまた、誰も知らないお土産まで。

奄美食（うまいもの）紀行

◎蔵満逸司

定価（本体 1,800 円＋税）

磯と土の香り。海と山の恵み、暮らしを律する季節の料理、母から娘へと受け継がれてきた島の心。奄美に赴任した小学校教師が、大きくて深いシマジュウリ（島料理）の世界を味わいつくす。

新版 シマ ヌ ジュウリ

◎藤井つゆ

定価（本体 4,800 円＋税）

奄美の郷土料理を集成した本書は、南日本出版文化賞を受賞。その後、長く絶版のまま伝説の名著と評されてきた。奄美の基本となる伝承料理 160 品目を民俗写真とともに紹介。待望の新版が復刊。

奄美もの知りクイズ 350 問

◎蔵満逸司

定価（本体 1,500 円＋税）

これであなたも奄美博士！　島唄、シマの料理、名所・旧跡から、知っておきたい奄美の歴史、マングローブ、アマミノクロウサギといった自然まで。クイズでどんどん広がる奄美ワールド。

奄美民謡総覧

◎指宿良彦監修
セントラル楽器奄美民謡企画部編著

定価（本体 7,800 円＋税）

半世紀以上にわたり、奄美のシマジマの唄者を唯一録音してきたセントラル楽器。奄美民謡総覧、曲目事典、奄美新作民謡歌詞集。貴重な音源をもとに、シマ唄を初めて一冊に集大成する。

奄美民謡島唄集

◎片倉輝男

定価（本体 2,800 円＋税）

奄美のシマジマの間で歌い継がれてきた島唄。耳で聴き、見よう見まねで学ばれてきた。本書は、奄美の島唄の歌詞と三味線譜を採録。奄美民謡島唄を全国の音楽ファンに解き放つ初めての本である。

奄美のわらべ歌と遊び I
与論島・沖永良部島・徳之島編

◎日高良廣・前原隆鋼

定価（本体 4,800 円＋税）

奄美南部三島に伝わる子どもたちの、445 通りにおよぶ遊びと歌を、島口（方言）の発音と解釈、独特の旋律にも配慮して詳細に記録。本書は、二人の研究者による膨大な調査蒐集の集大成である。

注文は、お近くの書店か直接南方新社まで（送料無料）。
書店にご注文の際は「地方小出版流通センター扱い」とご指定ください。